da Esposa
que Ora

STORMIE OMARTIAN

TRADUÇÃO DE
NEYD SIQUEIRA

EDITORA MUNDO CRISTÃO
São Paulo

O PODER DA ESPOSA QUE ORA
CATEGORIA: ESPIRITUALIDADE / ORAÇÃO

Copyright © 1997 por Harvest House Publishers, Eugene, Oregon, USA.

Título Original em Inglês: The Power of a Praying™ Wife
Revisão: Silvia A. T. Justino
Capa: Douglas Lucas
Diagramação: Editae Ass. de Comunicação
Impressão: OESP Gráfica S. A.

Os textos das referências bíblicas foram extraídos da versão Almeida Revista e Atualizada (Sociedade Bíblica do Brasil), salvo indicação específica.

A 1ª edição brasileira foi publicada em novembro de 1998, com uma tiragem de 3.000 exemplares.

Dados Internacionais de Catalogação na Publicação (CIP)
(Câmara Brasileira do Livro, SP, Brasil)

Omartian, Stormie –
O Poder da Esposa que Ora / Stormie Omartian; traduzido por Neyd Siqueira. – São Paulo: Mundo Cristão, 1998.

Título original: The Power of a Praying™ Wife
ISBN 85-7325-178-6 capa brochura
ISBN 85-7325-214-6 capa dura

1. Esposas – Vida Religiosa
2. Oração de intercessão – Cristianismo   I. Título.

98–3886   CDD–248.8435

Índice para catálogo sistemático:
1. Mulheres casadas: Prática religiosa: Cristianismo   248.8435

Publicado no Brasil com a devida autorização e com todos os direitos reservados pela:
Associação Religiosa Editora Mundo Cristão
Rua Antonio Carlos Tacconi, 79 – CEP 04810-020 – São Paulo-SP – Brasil
Telefone: (11) 5668-1700 – Home page: www.mundocristao.com.br

Editora associada a: • Associação Brasileira de Direitos Reprográficos
                          • Associação Brasileira de Editores Cristãos
                          • Câmara Brasileira do Livro
                          • Evangelical Christian Publishers Association

Printed in Brazil
19 18 17 16 15 14   04 05 06 07 08 09 10 11

Este livro é dedicado com amor a meu marido, Michael, que me deu sempre muito mais do que eu poderia desejar em oração. Você e eu sabemos que a oração funciona.

Sumário

Agradecimentos   9
Prefácio 11
O Poder 15

 1. Sua Esposa 27
 2. Sua Obra 49
 3. Suas Finanças 55
 4. Sua Sexualidade 59
 5. Seu Afeto 65
 6. Suas Tentações 71
 7. Sua Mente 77
 8. Seus Medos 83
 9. Seu Propósito 87
10. Suas Escolhas 93
11. Sua Saúde 97
12. Sua Proteção 101
13. Suas Provações 105
14. Sua Integridade 111
15. Sua Reputação 115
16. Suas Prioridades 119
17. Seus Relacionamentos 123
18. Sua Paternidade 129

19. Seu Passado 135
20. Sua Atitude 141
21. Seu Casamento 145
22. Suas Emoções 151
23. Seu Caminhar 155
24. Seu Falar 159
25. Seu Arrependimento 163
26. Seu Livramento 167
27. Sua Obediência 171
28. Sua Auto-Imagem 177
29. Sua Fé 183
30. Seu Futuro 187

Agradecimentos

Agradeço especialmente a:
- Minha secretária, Susan Martínez, por ter suportado o peso de outro livro com prazo marcado. Seu amor como irmã, sua fidelidade como amiga e a riqueza como parceira de oração só podem ser comparados à sua eficiência e dedicação como minha assistente muito querida e insubstituível.

- Minhas atuais parceiras, companheiras de oração e também esposas: Sally Anderson, Susan Martínez, Donna Summer, Katie Stewart, Roz Thompson e Jan Williamson, que experimentaram comigo o verdadeiro significado de clamar a Deus em intercessão por nossos maridos. Sem o seu profundo compromisso de fé em Deus e de oração, este livro talvez nunca tivesse sido escrito. Vocês são eternos tesouros em meu coração.

- Minha filha, Mandy, e nosso filho, Chris, por amar a seu pai e a mim, mesmo quando não fomos o melhor exemplo de como conduzir um casamento. Lamento por todas as vezes em que discutimos na sua frente, antes de aprendermos que a oração é mais poderosa do que a discussão. Oro para que vocês levem para o seu casamento tudo de bom que aprendemos.

- Meu novo filho, John David Kendrick, por permitir que seja sua mãe na terra, agora que seu pai está no céu com sua mãe. Você é o que a nossa família tem necessitado todos esses anos e não sabíamos até que veio ficar conosco.

- Pastor Jack e Anna Hayford e ao Pastor Dale e Joan Evrist por ensinar-me como orar e mostrar-me como funciona um bom casamento.

- Minha família da Harvest House, Bob Hawkins Sr., Bob Hawkins Jr., Bill Jensen, Julie Castle, Teresa Evenson, Betty Fletcher e LaRae Weikert pelo seu entusiasmo com o livro e sua ajuda constante. Vocês todos são admiráveis. E para a Diretora Editorial Carolyn McCready por ser uma fonte de ânimo e alegria. Obrigada pelo seu encorajamento.

- Minha revisora, Holly Halverson, pelos seus olhos perspicazes e mente aguçada.

- Tom e Patti Brussat, Michael e Terry Harriton, Jan e Dave Williamson, Dave e Priscilla Navarro, por compartilharem suas vidas e experiências, fornecendo-me bons exemplos do poder de uma esposa que ora.

Prefácio

Uma frase minha se tornou uma brincadeira em nossa casa. Quando me refiro ao número de anos que Stormie e eu estamos casados, sempre digo: "Foram 25 anos maravilhosos para mim e 25 anos miseráveis para ela". Depois de todos esses anos de casamento com Stormie, não há mais qualquer fase da minha complexa personalidade para ela descobrir. Ela me viu triunfar, falhar, lutar, ter medo e ficar deprimido, assim como duvidar de minha competência como marido, pai e músico. Ela me viu zangado com Deus quando ele não me dava o que eu lhe pedia. Testemunhou milagres, quando Deus transformou cinzas em ouro.

Cada passo do caminho tem sido acompanhado das orações dela e este livro foi escrito baseado nas experiências que teve no correr dos anos. Não posso imaginar como seria a minha vida sem as suas orações por mim. Isso me dá conforto e segurança e também cumpre a missão que o Senhor nos delegou de orarmos uns pelos outros e carregar os fardos uns dos outros. Não posso pensar num modo melhor para amar sinceramente o seu marido do que levá-lo em oração ao Senhor, com perseverança. Esse é um dom incomparável que o ajuda a experimentar as bênçãos e a graça de Deus.

Stormie, eu te amo.

Seu marido coberto de oração,
Michael

"Mulher virtuosa quem a achará? O seu valor muito excede o de finas jóias. O coração do seu marido confia nela, e não haverá falta de ganho. Ela lhe faz bem, e não mal, todos os dias da sua vida."
Provérbios 31.10-12

O Poder

Em primeiro lugar, quero tornar perfeitamente claro que o poder de uma esposa que ora não é um meio para controlar o marido; portanto, não se alegre antes da hora! De fato, trata-se justamente do oposto. É desistir de todo o desejo de poder em você e para você, confiando no poder de Deus para transformá-la, assim como seu marido, suas circunstâncias e seu casamento. Este poder não é concedido para ser usado como uma arma, a fim de amansar um animal teimoso. É uma ferramenta suave de restauração, obtida mediante as orações de uma esposa que deseja *fazer* o que é certo mais do que *estar* certa, e *dar vida* mais do que *dar o troco*. É um meio de convidar o poder de Deus a entrar na vida de seu marido para que ele tome posse da maior bênção, que em última análise é também a sua.

Quando meu marido, Michael, e eu nos casamos e surgiram diferenças entre nós, orar não foi definitivamente o meu primeiro impulso. De fato, foi quase o último recurso. Tentei outros métodos primeiro, tais como discutir, suplicar, ignorar, evitar, confrontar, debater e, é claro, o sempre popular tratamento do silêncio, tudo isso com resultados menos que satisfatórios. Levei algum tempo para compreender que, orando *primeiro*, essas formas desagradáveis de agir podiam ser evitadas.

Quando você estiver lendo este livro, Michael e eu estaremos casados há mais de um quarto de século. Isso é quase um milagre. Não é certamente um testemunho da nossa grandeza, mas da fidelidade de Deus em responder à oração. Confesso que mesmo depois de todos esses anos, continuo aprendendo sobre isto e nem sempre é fácil. Embora talvez não tenha tanta prática em fazer as coisas certas como tenho em fazer as erradas, posso dizer sem reservas que *a oração funciona*.

Infelizmente, não aprendi como orar de verdade por meu marido até que comecei a orar por meus filhos. Ao perceber quão profundas eram as respostas de Deus a minhas orações por eles, decidi tentar ser tão específica e fervorosa ao orar por Michael. Mas descobri que orar pelos filhos é bem mais fácil. Desde o momento em que pomos os olhos neles, queremos o melhor para as suas vidas – incondicionalmente, de todo coração, sem quaisquer dúvidas. Mas, com o marido, nem sempre é assim tão simples – especialmente com alguém que está casado com você há tempos.

O marido pode ferir seus sentimentos, ser imprudente, despreocupado, abusivo, irritante ou negligente. Ele pode dizer ou fazer coisas que ferem seu coração como uma farpa. E cada vez que você começa a orar, percebe que essa farpa está infeccionando. É óbvio que não poderá entregar-se à oração da maneira como Deus lhe pede até que você a retire de seu coração.

Orar por seu marido não é o mesmo que orar por um filho (embora pareça a mesma coisa), porque você não é a mãe de seu marido. Temos autoridade, dada pelo Senhor, sobre nossos filhos. *Não temos* autoridade sobre nossos maridos. Todavia, recebemos autoridade "sobre todo o poder do inimigo" (Lc 10.19) e podemos prejudicar muito seus planos malignos quando oramos. Muitas coisas difíceis que acontecem num casamento fazem parte na verdade do plano que o inimigo preparou para a sua dissolução. Mas podemos dizer: — Não vou permitir que coisa alguma destrua meu casamento.

— Não vou ficar parada e ver meu marido deprimido, abatido ou destruído.

— Não vou permitir que a confusão, a falta de comunicação, as atitudes e escolhas erradas prejudiquem o que estamos tentando construir juntos.

— Não vou tolerar que a mágoa e a falta de perdão nos levem ao divórcio. Podemos tomar posição contra quaisquer influências negativas em nosso casamento e saber que Deus nos deu autoridade em seu nome para apoiar essa atitude.

Você possui os meios para colocar uma cerca protetora em volta do seu casamento, porque Jesus disse: "Em verdade vos digo que tudo o que ligardes na terra terá sido ligado no céu, e tudo o que desligardes na terra terá sido desligado no céu" (Mt 18.18). Você tem autoridade em nome de Jesus para *deter o mal* e *permitir o bem*. Você pode entregar a Deus em oração o que quer que controle o seu marido – alcoolismo, excesso de trabalho, preguiça, depressão, enfermidade, mau gênio, ansiedade, medo ou fracasso – e orar para que ele seja libertado dessas coisas.

Espere! Antes que Você Desista do Casamento...

Confesso desde já que houve uma época em que pensei em separação ou divórcio. Esta é uma revelação embaraçosa, porque não creio que qualquer dessas opções seja a melhor resposta para um casamento em dificuldades. Creio na posição de Deus a respeito do divórcio. Ele diz que não é certo e que isso o entristece. A última coisa que quero fazer é entristecer a Deus. Mas sei o que é sentir o tipo de desespero que impede que tomemos uma boa decisão. Experimentei o desânimo que leva a pessoa a desistir de tentar fazer o que é certo.

Compreendo a tortura da solidão que deixa você desejando encontrar alguém que olhe para a sua alma e veja *você*.

Senti tamanha dor que o medo de morrer por causa dela me levou a buscar o único meio provável de sobrevivência: fugir da fonte da agonia. Sei o que é pensar em atos de desespero quando não vemos qualquer futuro à frente. Dia após dia, as emoções negativas foram crescendo de tal maneira que a separação e o divórcio simbolizavam uma promessa de agradável alívio.

O maior problema que enfrentei em nosso casamento foi o gênio de meu marido. Eu e as crianças éramos os únicos objetos da sua ira. Ele usava as palavras como armas que me deixavam aleijada ou paralisada. Não estou dizendo que eu não tinha culpa, pelo contrário, tenho certeza de que era tão culpada quanto ele, mas eu não sabia o que fazer a respeito. Suplicava a Deus regularmente que tornasse meu marido mais sensível, menos zangado, mais agradável, menos irritante, porém vi poucas mudanças. Será que Deus não estava ouvindo? Ou — como eu achava — ele favorecia mais o marido do que a esposa?

Depois de alguns anos, sem que houvesse transformação, clamei um dia ao Senhor em desespero, dizendo: — Deus, não posso mais viver assim. Sei o que tu disseste sobre o divórcio, mas não posso permanecer na mesma casa com ele. Por favor, ajuda-me Senhor. — Sentei-me na cama, com a Bíblia na mão durante horas, enquanto lutava com o forte desejo de pegar meus filhos e sair de casa. Creio que por ter-me aproximado de Deus com toda sinceridade sobre os meus sentimentos, ele me permitiu visualizar claramente o que seria a minha vida se partisse: onde iria morar, como me sustentaria e cuidaria dos filhos, quem continuaria a ser meu amigo e, pior de tudo, como o divórcio afetaria meu filho e minha filha. Era um quadro horrível e indizivelmente triste. Se partisse, encontraria algum alívio, mas à custa de tudo que me era caro. Sabia que esse não era o plano de Deus para nós.

Enquanto ficava ali sentada, Deus também colocou em meu coração a idéia de que se pusesse deliberadamente a minha vida diante do seu trono, desistisse do desejo de ir embora e deixasse as minhas necessidades em suas mãos, ele me ensinaria a entregar a minha vida em oração por Michael. Iria mostrar-me como interceder realmente por ele como um filho de Deus e, durante esse processo, reavivaria meu casamento e derramaria suas bênçãos sobre nós dois. Se superássemos essa dificuldade, estaríamos melhor juntos do que jamais poderíamos estar separados e sozinhos.

Deus me mostrou que Michael estava preso numa teia do seu passado que o tornava incapaz de ser diferente do que era no momento, mas Deus me usaria como um instrumento para a sua libertação, se eu consentisse. Doeu bastante concordar com isso e derramei muitas lágrimas. Mas, depois que concordei, me senti animada pela primeira vez em anos.

Comecei a orar todos os dias por Michael, como nunca orara antes. Porém, a cada vez, tinha de confessar a dureza do meu coração. Vi como eu estava profundamente magoada e não queria perdoá-lo. *Não quero orar por ele. Não quero pedir a Deus que o abençoe. Só quero que Deus envie um raio ao seu coração e o convença de como ele tem sido cruel,* pensei. Tive de repetir várias vezes: "Deus, confesso a minha incapacidade de perdoar meu marido. Por favor, livra-me completamente dessa atitude".

Aos poucos, comecei a ver mudanças ocorrendo em nós dois. Quando Michael ficava zangado, em vez de reagir negativamente, eu orava por ele. Pedi a Deus que me fizesse saber o que provocava a sua raiva. Ele fez isso. Perguntei então o que eu poderia fazer para melhorar as coisas. Ele me mostrou. A ira de meu marido tornou-se menos freqüente e ficou mais fácil acalmá-lo. A cada dia, a oração trazia algo positivo. Não somos ainda perfeitos, mas progredimos bastante. Não tem sido fácil; todavia, estou convencida de que vale a pena andar pelo caminho de Deus. É o único meio de salvar um casamento.

As orações da esposa pelo marido têm um efeito muito maior sobre ele do que as de qualquer outra pessoa, mesmo as da mãe dele. (Perdoe-me, minha sogra!) As orações da mãe pelo filho são certamente fervorosas, porém quando um homem se casa ele deixa os pais e se torna um com a esposa (Mt 19.5). Marido e mulher formam uma equipe, uma unidade, estão unificados em espírito. Aos olhos de Deus, a força do homem e da mulher, juntos, é *muito* maior do que a soma das forças de cada um dos dois, individualmente. Isto porque o Espírito Santo os une e dá mais poder às suas orações.

É também por isso que há tanta coisa em jogo quando *não* oramos. Você pode imaginar-se orando pelo lado direito do seu corpo e não pelo esquerdo? Se o lado direito não for sustentado e protegido e por isso cair, o lado esquerdo cairá junto. O mesmo se aplica a você e seu marido. Se orar por você e não por ele, você jamais encontrará as bênçãos e satisfação que deseja. O que acontece com ele também acontece com você; não se pode negar isso.

Esta união nos dá um poder de que o inimigo não gosta. É por isso que ele inventa meios de enfraquecê-lo, fazendo-nos cair na armadilha, quer seja através da baixa auto-estima, do orgulho, da necessidade de estar sempre certo, da falta de comunicação, ou mesmo cedendo aos nossos desejos egoístas. Ele lhe contará mentiras como: — Nada vai mudar; seus erros são irreparáveis; não há possibilidade de reconciliação; você seria mais feliz com outra pessoa. — Ele lhe dirá coisas nas quais poderá crer, porque sabe que, se conseguir fazer que você creia, não haverá futuro para o seu casamento. Se crer em várias mentiras, seu coração aos poucos se endurecerá para a verdade de Deus. Em todo casamento desfeito, há pelo menos uma pessoa cujo coração endureceu-se contra Deus e, quando isso ocorre, não há visão da perspectiva do Senhor.

Quando somos infelizes no casamento, sentimos que qualquer coisa será melhor do que a situação em que nos achamos. Mas não vemos o quadro inteiro. Só vemos as coisas como estão e não como Deus quer que se tornem. Quando oramos, porém, nossos corações tornam-se *receptivos* a Deus e passamos a enxergar. Vemos que há esperança. Temos fé em que o Senhor irá restaurar tudo que foi danificado, destruído e consumido no relacionamento conjugal. "Restituir-vos-ei os anos que foram consumidos pelo gafanhoto migrador" (Jl 2.25).

Podemos confiar no Senhor para remover a dor, o desânimo, o endurecimento e a falta de perdão. Somos capazes de visualizar seu poder de ressuscitar o amor e a vida nos lugares mais mortos. Imagine a alegria de Maria Madalena quando foi ao túmulo de Jesus na manhã após a crucificação e descobriu que ele não estava morto afinal, mas fora ressuscitado pelo poder de Deus.

A alegria de ver algo irremediavelmente morto trazido à vida é a maior que podemos experimentar. O poder que ressuscitou Jesus é o mesmo que ressuscitará o que está morto em seu casamento e o fará voltar à vida. "Deus ressuscitou ao Senhor e também nos ressuscitará a nós pelo seu poder" (1 Co 6.14). Esse é o único poder capaz de tal ato. Mas isso não acontece sem que o nosso coração busque a Deus e esteja pronto para confessar em oração, crescer durante os tempos difíceis e esperar que o amor seja ressuscitado. Temos de passar pelo sofrimento, a fim de alcançar a alegria.

Você tem de decidir se quer que seu casamento vá em frente e se esse desejo é forte o bastante para fazer tudo o que for necessário, dentro de parâmetros saudáveis, para que isso aconteça. *Você* tem de acreditar na restauração da parte do seu relacionamento que foi corroída pelo sofrimento, pela indiferença e pelo egoísmo. *Você* tem de confiar que aquilo que caiu sobre você – seja abuso, morte de um filho, infidelidade, pobreza, perda, doença grave ou acidente – pode ser libertado das garras da morte. *Você* tem de resolver que tudo que está consumindo você e seu marido, tal como excesso de trabalho, alcoolismo, abuso de drogas ou depressão, pode ser destruído. Você tem de saber que tudo que se insinuou em seu relacionamento, silenciosa e furtivamente, de modo a não ser percebido como uma ameaça até que estivesse claramente à vista – tal como idolatrar sua carreira, seus sonhos, seus filhos ou os seus desejos egoístas – pode ser removido. *Você* tem de confiar que Deus é suficientemente grande para realizar tudo isto e muito mais.

Se você acordar certa manhã com um estranho em sua cama e ele for seu marido; se experimentarem um afastamento silencioso da vida mútua, cortando toda ligação emocional; se sentir um recuo implacável do amor e da esperança; se o seu relacionamento estiver num poço tão profundo de mágoa e ira que a cada dia o seu desespero cresce ainda mais; se cada palavra dita abrir mais o abismo entre vocês até que se torne uma barreira impenetrável que os mantém a quilômetros de distância um do outro, fique certa de que nada disso é da vontade de Deus para o seu casamento. A vontade de Deus é quebrar todas essas barreiras e tirar você do poço. Ele pode curar suas feridas e fazer o amor renascer em seu coração. Nada e ninguém mais pode fazer isso.

Mas você tem de levantar-se e dizer: — Senhor, oro para que esta luta termine e nos livremos das garras do conflito. Retira as mágoas e a armadura que vestimos para proteger-nos. Tira-nos do poço da falta de perdão. Fala por nosso intermédio, para que as nossas palavras reflitam o teu amor, paz e reconciliação. Derruba esta parede que há entre nós e nos ensina a atravessá-la. Capacita-nos a despertar desta letargia e encaminha-nos para a cura e inteireza que tens para nós.

Não desista do casamento. Peça a Deus para dar-lhe um marido renovado. Ele é poderoso para tomar o que você tem e torná-lo uma nova criatura em Cristo. Maridos e esposas não foram destinados a brigar, afastar-se emocionalmente, viver um casamento falido, ser infelizes ou divorciar-se. Temos o poder de Deus do nosso lado. Não precisamos deixar nosso relacionamento conjugal ao sabor do acaso. Podemos lutar por ele em oração e não desistir, porque enquanto estivermos orando há esperança. Com Deus, nada estará tão morto quanto parece. Nem os seus próprios sentimentos.

E Eu? Eu Também Preciso de Oração

É natural entrar nesta maravilhosa aventura de oração imaginando se o seu marido vai orar um dia por você da mesma maneira que está orando por ele. Embora isso fosse certamente o máximo, não o tenha como garantido. Orar por seu marido será um ato de amor e sacrifício generoso e incondicional da sua parte. Você deve estar disposta a assumir este compromisso sabendo que é muito possível – e até bastante provável – que ele jamais venha a orar por você do mesmo modo. Em alguns casos, ele talvez nem sequer ore. Você pode pedir que o faça e orar para que ele ore por você, mas não pode exigir isso dele. Isso porém não importa; o fato de ele orar ou deixar de orar não é problema seu, é de Deus. Liberte-o então dessa obrigação. Se ele não orar por você, a perda dele será maior que a sua.

A sua felicidade e realização não dependem do fato de ele orar, mas sim de seu próprio relacionamento com o Senhor. É claro que as esposas também precisam de oração; mas estou convencida de que não devemos depender de nossos maridos como os únicos provedores dela. Na verdade, depender do marido como seu parceiro dedicado de oração poderia acabar em fracasso e desapontamento para ambos.

Aprendi que a melhor coisa para o nosso casamento foi manter parceiras de oração com quem eu orava todas as semanas. Hoje creio que isto é vital para todo casamento. Se você puder encontrar duas mulheres fortes na fé em quem confie plenamente e com quem possa compartilhar os anseios do seu coração, marque um encontro semanal de oração. Isso irá mudar a sua vida. Essa atitude não significa, porém, que você tem de contar às suas parceiras tudo sobre seu marido ou expor os detalhes particulares da vida dele. O propósito é pedir a Deus que tranqüilize o *seu* coração, mostre como *você* pode ser uma boa esposa, compartilhe os fardos da *sua* alma enquanto busca a bênção do Senhor para o seu marido.

É claro que, se houver uma questão com sérias conseqüências e você puder confiar a suas parceiras de oração a natureza confidencial do seu pedido, não deixe então de compartilhar. Vi muitos casamentos acabarem em separação ou divórcio porque as pessoas eram orgulhosas demais ou temiam compartilhar seus problemas com alguém que pudesse orar por elas. Tudo parece bem entre o casal, mas, de repente, o casamento acaba. Não deixe de enfatizar a natureza confidencial do que você está compartilhando com suas parceiras de oração, mas não permita que o casamento acabe porque hesita em orar por ele com outras pessoas. Se tiver uma parceira de oração que não consegue manter em segredo uma confidência, descubra outra pessoa com mais sabedoria, sensibilidade e maturidade espiritual.

Mesmo sem parceiras de oração ou um marido que ore, quando você ora fervorosamente vê as coisas acontecerem. *Antes* mesmo de suas orações serem respondidas, as bênçãos de Deus recairão sobre você simplesmente porque está orando. Isso se deve ao fato de ter passado tempo na presença de Deus, onde toda a transformação duradoura começa.

Uma Oração de Cada Vez

Não fique confusa com as muitas maneiras que existem para orar por seu marido. Não é necessário fazer tudo num só dia, numa semana ou até num mês. Deixe que as sugestões deste livro orientem-na e depois ore mediante a orientação do Espírito Santo. Quando os problemas forem difíceis e requeiram uma ação direta, o jejum tornará suas orações mais eficazes. A oração através da leitura das Escrituras também se constitui num instrumento de poder. Por isso, no final de cada capítulo, incluí orações e algumas referências bíblicas.

Acima de tudo, não dê lugar à impaciência. Receber respostas para as suas orações pode levar tempo, especialmente se o seu casamento tiver sido atingido de maneira profunda ou estiver sob tensão. Tenha paciência em perseverar e esperar pela cura de Deus. Tenha em mente que vocês dois são imperfeitos. Só o Senhor é perfeito. Olhe para Deus como a fonte de tudo o que você quer para o seu casamento e não se preocupe sobre *como* isso irá acontecer. A sua responsabilidade é orar. A de Deus é responder. Deixe isso nas mãos *dele*.

Capítulo Um

Sua Esposa

A parte difícil para a esposa que ora, além do sacrifício do tempo, é manter um coração puro. Ele deve estar limpo diante de Deus para que você possa ver os bons resultados. É por isso que antes de orar pelo marido, deve-se começar a orar pela esposa. Se você sentir ressentimento, ira, incapacidade de perdoar, ou tiver uma atitude ímpia, mesmo que haja uma boa razão para isso, terá dificuldade em obter respostas a suas orações. Mas, se puder entregar esses sentimentos a Deus com total sinceridade e depois passar à oração, não há nada que possa mudar mais dramaticamente um casamento. Algumas vezes as esposas sabotam suas próprias orações por não orar com o coração puro. Levei algum tempo para entender isso.

Minha Oração Favorita de Três Palavras
Eu gostaria de dizer que tenho orado regularmente por meu marido desde o começo do nosso casamento até hoje. Mas

não fiz isso. Pelo menos não como estou sugerindo neste livro. É claro que orei. As orações eram curtas: "Protege-o, Senhor". Eram específicas: "Salve o nosso casamento". Mas, geralmente fazia minha oração favorita de três palavras: "Ó Senhor, transforma-o".

Quando nos casamos, eu era recém-convertida, saindo de uma vida de grande escravidão e erro, e tinha muito que aprender sobre o poder libertador e restaurador de Deus. Pensei que me havia casado com um homem praticamente perfeito e o que não era perfeito era interessante. Com o passar do tempo, o interessante passou a irritar-me e o perfeito transformou-se em excesso de perfeccionismo. Cheguei à conclusão de que o que mais me irritava nele tinha de ser mudado e então tudo ficaria bem.

Levei alguns anos para compreender que meu marido jamais se tornaria aquela imagem que eu idealizara. Foram necessários mais alguns anos para entender que eu não poderia transformá-lo a meu modo. De fato, só quando levei a Deus o que me preocupava é que comecei a ver alguma diferença. As coisas também não aconteceram da maneira como pensei que seriam. Foi em mim que Deus trabalhou primeiro. Fui eu que comecei a mudar. Meu coração tinha de ser abrandado, humilhado, moldado, quebrantado e reconstruído antes que Deus sequer começasse a trabalhar em meu marido. Tive de aprender a ver as coisas segundo a perspectiva de Deus e não como eu pensava que deveriam ser.

Aos poucos, compreendi que é impossível entregar-se à oração por seu marido sem primeiro examinar o seu próprio coração. Eu não podia ir a Deus e esperar respostas à oração se abrigava em meu íntimo indisposição para perdoar, amargura ou ressentimento. Não podia fazer *minha* oração favorita de três palavras sem reconhecer no mais profundo da minha alma que tinha de fazer primeiro a oração de três palavras favorita *de Deus*: "Transforma-me, Senhor".

Quem, Eu?... Mudar ?

Não diga que não a avisei. Quando orar pelo seu marido, em especial com a esperança de mudá-lo, é claro que você poderá esperar algumas transformações. Mas as primeiras mudanças não serão *nele*. Serão em *você*. Se isto a deixar tão zangada quanto eu fiquei, você dirá: — Espere um pouco! Não sou eu quem precisa mudar nesta casa! — Mas Deus vê coisas que nós não vemos. Ele sabe onde há espaço para melhorar. Ele não precisa procurar muito para descobrir em nós atitudes e hábitos que estão em desacordo com sua perfeita vontade. Ele exige que não pequemos em nosso coração porque o pecado nos afasta de Deus e impede que nossas orações sejam respondidas. "Se eu no coração contemplara a vaidade (iniqüidade), o Senhor não me teria ouvido" (Sl 66.18). Deus quer que nossos corações permaneçam retos, para que as respostas às nossas orações não sejam prejudicadas.

Esta exigência é especialmente difícil quando você sente que seu marido pecou contra você com grosseria, desrespeito, indiferença, irresponsabilidade, infidelidade, abandono, crueldade ou abuso. Mas Deus considera os pecados de falta de perdão, ira, ódio, autopiedade, desamor e vingança tão nocivos quanto quaisquer outros. Confesse essas faltas a Deus e peça que a liberte de tudo que não venha dele. Um dos maiores presentes que você pode dar a seu marido é a sua integridade. A ferramenta mais eficaz para transformá-lo pode ser a sua própria transformação.

Não se preocupe, eu também lutei contra tudo isto. De fato, toda vez que meu marido e eu chegamos a um impasse, Deus e eu conversamos mais ou menos assim:

— Está vendo como ele é, Senhor?
— Você está vendo como *você* é?
— Senhor, está dizendo que há coisas que gostaria de mudar em mim?
— Muitas coisas. Está pronta para ouvi-las?

— Acho que sim.

— Diga-me quando estiver realmente pronta.

— Por que eu, Senhor? É *ele* que precisa mudar.

— O ponto não é quem *precisa* mudar. O ponto é quem está *disposto* a mudar.

— Mas, Deus, isso não é justo.

— Eu nunca disse que a vida é justa; mas, sim, que *eu* sou justo.

— Mas eu...

— Alguém tem de estar disposto a mudar.

— Mas...

— É importante preservar o seu casamento?

— Muito importante. As outras opções são inaceitáveis.

— Já apresentei o meu caso. Vamos começar mudando você.

— Ajude-me a tomar a atitude certa sobre isto, Senhor.

— Isso cabe a você.

— Tenho de orar por meu marido mesmo que ele não esteja orando por mim?

— É isso mesmo.

— Mas, isso não é... está bém, está bem, eu me lembro. A vida não é justa. O *Senhor* é justo!

(Um aceno silencioso do céu.)

— Desisto. Pode continuar. Oh, isto vai doer! Mu... mudar... Não acredito que esteja dizendo isto. (Suspiro fundo) — Pode transformar-me, Senhor.

Doloroso? Sim! Morrer para si mesma é sempre dolorido. Especialmente quando você está convencida de que a outra pessoa precisa de mais mudanças do que você. Mas, este tipo de sofrimento leva à *vida*. A outra alternativa é também dolorosa e seu final é a morte de um sonho, de uma relação, de um casamento e de uma família.

Deus pode ressuscitar o casamento mais morto que existe, mas é preciso humilhar-nos diante dele e desejar viver do seu modo: com perdão, bondade e amor. Significa esquecer o passado e toda mágoa associada a ele e estar disposta a perder a discussão a fim de ganhar a guerra. Não estou dizendo que você tenha de tornar-se uma pessoa sem personalidade, sentimentos ou idéias próprias, ou ser um saco de pancadas para os caprichos do seu marido. Deus não exige isso de você. (De fato, se estiver em qualquer tipo de perigo físico ou emocional, saia imediatamente da situação, vá para um lugar seguro e peça ajuda. Você pode orar ali enquanto seu marido recebe o aconselhamento de que necessita.)

Submissão não é algo que se exija, mas deve ser prestado voluntariamente. Jesus disse: "Quem, todavia, perde a vida por minha causa achá-la-á" (Mt 10.39). Mas entregar a sua vida é algo que você faz deliberadamente e *não* algo que lhe é tirado à força. O que estou dizendo é que a sua atitude deve ser: "O que quer que queira, Senhor, mostre-me e eu o farei". Significa estar disposta a morrer para si mesma e dizer: — Transforma-me, Senhor.

A Linguagem do Supremo Amor

Algo surpreendente acontece em nossos corações quando oramos por outrem. A inflexibilidade se desfaz. Tornamo-nos capazes de superar as mágoas e perdoar. Acabamos até amando a pessoa por quem oramos. É milagroso! Isso acontece porque, quando oramos, entramos na presença de Deus e ele nos enche com o seu Espírito de amor. Quando você ora por seu marido, o amor de Deus por ele irá crescer em seu coração. Você irá descobrir também o amor por *você* crescendo no coração *dele*, sem que ele saiba sequer que você está orando a seu favor. É por isso que a oração é a linguagem suprema do amor. Ela consegue comunicar-se de uma forma como nós não conseguiríamos. Já vi mulheres que não sentiam mais amor pelo marido descobrirem que esses sentimentos vieram com o tempo, à medida que oravam. Algumas vezes elas se sentiram diferentes logo depois da primeira oração sincera.

Falar com Deus sobre o seu marido é um ato de amor. A oração dá lugar ao amor, que gera mais oração, que, por sua vez, dá lugar a mais amor. Mesmo que a sua oração não seja feita por motivos completamente generosos, eles irão tornar-se menos egoístas à medida que a oração continuar. Você irá perceber que está sendo mais amorosa em suas reações. Notará que problemas que antes provocavam conflitos entre ambos deixarão de ocorrer. Vocês chegarão a acordos mútuos sem discutir. Esta unidade é vital.

Quando não estamos unidos, tudo desmorona. Jesus disse: "Todo reino dividido contra si mesmo ficará deserto, e toda cidade, ou casa, dividida contra si mesma, não subsistirá" (Mt 12.25). A oração promove unidade mesmo que vocês não estejam orando juntos. Vi situações de grande tensão desaparecerem entre mim e meu marido simplesmente orando por ele. Também o fato de perguntar a ele: — Como posso orar por você? — gera um clima de amor e de cuidado. Meu marido geralmente pára e responde a essa pergunta detalhadamente, quando poderia não dizer nada. Conheço até maridos incrédulos que respondem positivamente a essa pergunta das esposas.

O ponto em tudo isto é que como marido e mulher não queremos seguir caminhos separados. Queremos caminhar pela mesma estrada. Queremos ser companheiros profundamente compatíveis e sentir o amor que dura para toda a vida. A oração, como linguagem suprema do amor, permite que isso aconteça.

Eu Nem Sequer Gosto Dele – Como Posso Orar por Ele?

Você já ficou com tanta raiva de seu marido que a última coisa que queria era orar por ele? Eu já fiquei. É difícil orar por alguém quando você está zangada ou ele a magoou. Mas é exatamente isso que Deus quer que façamos. Se ele nos pede para orar pelos nossos *inimigos*, quanto mais deveríamos estar orando pela pessoa com quem nos tornamos uma e devemos amar? Mas como superar a incapacidade de perdoar e a atitude crítica?

A primeira coisa a fazer é ser completamente honesta com Deus. Para derrubar os muros em nosso coração e quebrar as barreiras que impedem a comunicação, temos de ser totalmente francas com o Senhor sobre os nossos sentimentos. Não precisamos "fingir" para Deus, pois ele já conhece a verdade e apenas quer ver se estamos dispostas a admitir e confessar nossa desobediência. Se agirmos assim, ele poderá trabalhar o nosso coração.

Se estiver com raiva de seu marido, conte isso a Deus. Não permita que o sentimento se torne um câncer crescente a cada dia. Não diga: — Vou viver a minha vida e ele que viva a dele. — Há um preço a pagar quando agimos independentemente um do outro. "No Senhor, todavia, nem a mulher é independente do homem, nem o homem, independente da mulher" (1 Co 11.11).

Diga em vez disso: — Senhor, nada em mim quer orar por este homem. Confesso minha ira, mágoa, incapacidade de perdoar, meu desapontamento, ressentimento e minha dureza de coração para com ele. Perdoa-me e dá-me um coração puro e um espírito reto diante de ti. Concede-me uma atitude nova, positiva, alegre, amorosa, perdoadora em relação a ele. Onde tiver errado, revela isso a ele e convence o seu coração nesse sentido. Leva-o pelos caminhos do arrependimento e da libertação. Ajuda-me a não me afastar dele emocional, mental ou fisicamente pela falta de perdão. Onde qualquer de nós deva pedir perdão ao outro, ajuda-nos a fazer isso. Se houver algo que eu não esteja vendo e que esteja fazendo aumentar este problema, revela-o a mim e ajuda-me a compreender. Remove qualquer motivo de mal-entendido que tenha gerado incompreensão ou falta de comunicação. Se houver um comportamento que deva mudar em qualquer de nós, oro para que o Senhor permita que essa mudança ocorra. Por mais que deseje manter a minha ira contra ele, por achar que é justificada, quero fazer a tua vontade. Entrego ao Senhor todos esses sentimentos. Dá-me uma sensação de amor renovado por meu marido e as palavras para resolver esta situação.

Se você se achar capaz, tente esta pequena experiência e veja o que acontece. Ore todos os dias por seu marido durante um mês, baseando-se, a cada dia, em um dos 30 motivos incluídos nos 30 capítulos deste livro. Peça a Deus para derramar as suas bênçãos sobre ele e encher vocês dois com o seu amor. Observe se o seu coração não se abranda em relação a ele. Note se a atitude dele também não muda. Observe se o relacionamento de vocês não está melhor. Se tiver dificuldade em assumir este tipo de compromisso em oração, pense no assunto sob a perspectiva do Senhor. Ver seu marido através dos olhos de Deus – não apenas como seu marido, mas como filho de Deus, um filho a quem o Senhor ama – pode ser uma grande revelação. Se alguém telefonasse e lhe pedisse para orar por seu filho, você faria isso, não é? Pois então, Deus está pedindo.

"Fique Quieta e Ore"

A Bíblia diz que há tempo para tudo. E isso nunca é mais verdadeiro do que no casamento, especialmente quando se trata do que dizemos. Há tempo para falar e tempo para ficar calada, e feliz é o homem cuja esposa pode discernir entre essas duas coisas. Quem quer que esteja casado há algum tempo sabe que há coisas que seria melhor não dizer. A esposa tem a capacidade de magoar o marido mais do que qualquer outra pessoa, e ele pode fazer o mesmo com ela. Não importa a quantidade de desculpas, as palavras não podem ser apagadas. Elas só podem ser perdoadas, e isso nem sempre é fácil. Algumas vezes, qualquer coisa que digamos só irá prejudicar o andamento daquilo que Deus quer fazer, portanto, é melhor calar-se e orar.

Quando Michael e eu nos casamos, eu não falava muito, mesmo se sentisse que algo estava errado. Depois que nosso primeiro filho nasceu, comecei a exteriorizar meus pensamentos. Porém, quanto mais eu manifestava minhas objeções e opiniões, mais ele resistia e mais brigávamos. Tudo o que eu dizia não só não levava a nada com respeito às minhas intenções, como tinha o efeito oposto. Levei anos para aprender o que milhares de mulheres aprenderam no correr dos séculos. *Implicar não adianta*. Criticar não adianta. Algumas vezes, só falar também não adianta. Descobri que a oração é a única coisa que *sempre* funciona.

A segurança que a oração lhe oferece reside no fato de que você precisa da mediação de Deus para fazê-la. Isto significa que você não pode livrar-se com atitudes, pensamentos ou motivos errados. Quando oramos, Deus revela em nossa personalidade aquilo que resiste à sua ordem das coisas.

Meu marido não fará algo que ele não queira e, se o fizer, os membros mais próximos de sua família pagarão por isso. Se há alguma coisa que eu realmente quero que ele faça, aprendi que devo orar sobre o assunto até que eu tenha a paz de Deus em meu coração *para só então* pedir. Às vezes, nessas ocasiões, Deus muda o meu coração ou me mostra um modo diferente de agir, não precisando, portanto, dizer nada. Se tenho que dizer algo, tento não falar impensadamente. Oro primeiro, pedindo a orientação de Deus.

Levei, porém, bastante tempo para entender isto. Num dia em que li o Provérbio: "Melhor é morar numa terra deserta do que com a mulher rixosa e iracunda" (Pv 21.19), por *alguma razão essas palavras* tocaram um ponto sensível.

— Mas, Senhor — questionei —, e o Provérbio 27.5: "Melhor é a repreensão franca do que o amor encoberto"? As esposas não têm de dizer aos maridos quando alguma coisa está errada?

Ele replicou: — "Tudo tem o seu tempo determinado, e há tempo para todo propósito debaixo do céu:... tempo de estar calado, e tempo de falar" (Ec 3.1,7). O problema é que você não sabe quando fazer uma coisa ou outra, e não sabe como fazê-la em amor.

— Está bem, Senhor — disse eu. — Mostre-me quando falar e quando ficar calada e orar.

A primeira oportunidade para isto veio na mesma hora. Eu havia começado um novo grupo de oração feminino em minha casa e as vidas se transformaram tanto que sugeri a meu marido que começasse um grupo assim com os homens. Mas ele não quis nem saber do assunto.

— Não tenho tempo — foi a sua resposta de desagrado com a idéia.

Quanto mais eu falava a respeito, mais irritado Michael ficava. Depois de receber as instruções de Deus — "Cale-se e ore" — decidi tentar essa abordagem. Deixei de falar na questão e comecei a orar. Pedi também ao meu grupo de oração que orasse comigo. Fazia mais de dois anos que eu deixara de mencionar o assunto a ele e começara a orar, quando Michael anunciou um dia, subitamente, que estava organizando um grupo semanal de oração para homens. O grupo continua se reunindo desde então e meu marido ainda não sabe que eu orei. Embora tenha levado mais tempo do que eu queria, o fato aconteceu. E houve paz na espera, o que não haveria ocorrido se não tivesse ficado calada.

Na Bíblia, a rainha Ester orou, jejuou e buscou o tempo de Deus antes de aproximar-se do marido, o rei, para tratar de um assunto muito sério. Ela não entrou correndo e gritou: — Seus amigos marginais vão acabar com a nossa vida!

— Em vez disso, ela orou primeiro e cuidou do marido com amor enquanto Deus preparava o coração dele. O Senhor sempre nos dará as palavras para dizer e nos mostrará quando dizê-las se pedirmos isso a ele. O momento oportuno é tudo.

Conheci pessoas que usam a desculpa de serem "sinceras" para destruir outros com as suas palavras. A Bíblia diz: "O insensato expande toda a sua ira, mas o sábio afinal lha reprime" (Pv 29.11). Em outras palavras, é insensato manifestar todo tipo de idéia e sentimento. Ser sincera não significa que você tem de ser completamente franca em todos os seus comentários. Isso magoa as pessoas. Embora a franqueza seja um requisito para o casamento bem-sucedido, dizer a seu marido tudo o que há de errado com ele não é recomendável, pois isso provavelmente não corresponderá a toda a verdade. A verdade total é aquela vista da perspectiva de Deus e ele, sem dúvida, não tem o mesmo problema que você tem com alguns atos de seu marido. Nosso objetivo não deve ser obrigar nossos maridos a fazerem o que *nós* queremos, mas sim entregá-los a Deus para que ele os leve a agir de acordo com o que *o Senhor* quer.

Tenha cuidado para distinguir a diferença entre o que é verdadeiramente certo e errado. Se o problema não se encaixar de modo claro numa dessas categorias, mantenha as suas opiniões pessoais para si mesma ou ore sobre elas e depois, conforme o Senhor a guiar, discuta-as calmamente. A Bíblia diz: "Não te precipites com a tua boca, nem o teu coração se apresse a pronunciar palavra alguma diante de Deus; porque Deus está nos céus, e tu na terra; portanto sejam poucas as tuas palavras" (Ec 5.2). Há ocasiões em que você deve apenas ouvir e não dar conselhos; apoiar, e não fazer críticas construtivas.

Não estou sugerindo de forma alguma que você se torne um capacho tímido que nunca confronta seu marido com a verdade – em especial quando for para o bem dele. Sem dúvida você deve expressar claramente suas idéias e sentimentos. Mas, uma vez que ele os tenha ouvido, não continue a pressioná-lo até que a questão se torne um ponto de discórdia e conflito.

Se tiver de dizer algumas palavras duras, peça a Deus para ajudá-la a escolher o melhor momento para isso. Ore pedindo as palavras certas e para que o coração de seu marido esteja totalmente aberto. Sei que será difícil se for algo que você está ansiosa para dizer. Mas, por mais difícil que pareça, é melhor deixar que Deus ouça primeiro, a fim de temperar as palavras com o seu Espírito. Isto é especialmente verdadeiro quando a comunicação entre ambos cessou por completo e cada palavra só traz mais sofrimento. Gostaria de ter aprendido há mais tempo a orar antes de falar. Minhas palavras freqüentemente provocavam uma reação defensiva em meu marido, resultando em respostas ásperas, que ambos lamentávamos. Ele julgava que, com as minhas sugestões, eu o estava pressionando a fazer ou a ser algo, embora eu sempre tivesse em mente o seu bem. Era preciso que Deus falasse com ele.

Quando vivemos pelo poder de Deus, em vez de pelas nossas próprias forças, não temos de lutar pelo poder com nossas palavras. "Porque o reino de Deus consiste não em palavra, mas em poder" (1 Co 4.20). Não são as palavras que dizemos que fazem diferença, mas o poder de Deus que as acompanha. Você ficará surpresa ao ver quanto poder as suas palavras têm quando ora antes de falar. Ficará ainda mais espantada com o que pode acontecer quando se cala e deixa Deus trabalhar.

Cristão ou Não

Se o seu marido não é cristão, provavelmente você já sabe qual será a reação dele ao falar-lhe sobre o Senhor, em especial se ele não respondeu das primeiras vezes em que você tentou falar a respeito. Não se trata de não poder dizer nada a ele, mas se o que você diz sempre é recebido com indiferença ou irritação, o passo seguinte é manter-se calada e orar. A Bíblia nos ensina que a mulher pode ganhar o marido sem dizer palavra, porque o que ele observa na esposa fala mais alto do que o que ela lhe diz. "Sejam ganhos (os maridos), sem palavra alguma, por meio do procedimento de suas esposas" (1 Pe 3.1).

Mesmo que as coisas ainda não sejam como Deus afirma, ele nos fala a respeito delas como se já fossem realidade. Você pode fazer isso também. Pode dizer: — Não vou fingir, mas vou falar de coisas que não fazem parte da vida de meu marido como se já fizessem. Embora ele não tenha fé, vou orar por ele como se tivesse. — É claro que você não pode forçá-lo a fazer algo que ele não quer, mas pode acessar o poder de Deus mediante a oração para que a voz do Senhor penetre a alma de seu marido. Não importa quanto tempo você tenha de orar para que ele venha a conhecer a Deus; mesmo que leve a vida inteira, o tempo não terá sido desperdiçado. Enquanto isso, quer seu marido seja ou não cristão, você poderá fazer todas as orações deste livro por ele e esperar ver respostas importantes para elas.

Criando um Lar

Não me importo até que ponto você é liberada; se for casada haverá sempre duas áreas que no final das contas serão de sua responsabilidade: a casa e os filhos. Mesmo que você seja a única que trabalhe e que seu marido fique em casa para cuidar dos afazeres domésticos e dos filhos, espera-se que você mantenha sua casa como um santuário de paz – uma fonte de alegria, aceitação, rejuvenescimento, educação, descanso e amor para a sua família. Além disso, espera-se que você seja sexualmente atraente, boa cozinheira, boa mãe, além de física, emocional e espiritualmente preparada. Isso é demais para a maioria das mulheres, porém as boas notícias são que você não precisa fazer tudo sozinha. Pode buscar a ajuda de Deus.

Peça ao Senhor para mostrar-lhe como tornar o seu lar um abrigo seguro, que proteja a sua família – um lugar onde exista criatividade e comunicação contínuas. Peça a Deus para ajudá-la a manter a casa limpa, a roupa lavada, a cozinha em ordem, a despensa e a geladeira cheias, e as camas arrumadas. Trata-se de coisas básicas pelas quais o homem talvez não elogie a esposa todos os dias (ou nunca), mas ele notará se *não* forem feitas. Meu marido pode não abrir o armário para procurar uma lâmpada ou uma pilha durante meses; mas, quando faz isso, quer que elas estejam lá. Ele também não quer sair tarde do trabalho e, ao chegar em casa certa noite, descobrir que não há pão para um sanduíche. Faço o máximo para que essas coisas não faltem.

Peço a Deus que me ajude a manter uma casa que leve meu marido a ter prazer em voltar para ela e em convidar os amigos. Não é necessário possuir mobília cara ou contratar um decorador para fazer tudo isso. Minha primeira casa era pequena e a mobília, de segunda-mão. Pintei-a inteirinha com a ajuda de uma amiga e a tornei aconchegante. Isso só exige um pouco de bom senso e cuidado.

Parte de tornar a casa um lar é permitir que seu marido seja o cabeça, para que você possa ser o coração. Tentar ser ambas as coisas é demais. Deus colocou o marido como cabeça da família, quer ele mereça ou não, quer ele desempenhe essa função adequadamente ou não. Essa é a ordem de Deus para as coisas. Isto não significa que uma posição é mais importante do que a outra. Elas andam juntas. Se o seu marido deve ser o cabeça da casa, você tem de permitir-lhe a liderança. Se você deve ser o coração do lar, terá de dar os passos necessários para isso, ainda que você contribua de modo relevante para o sustento financeiro. Tentar inverter essa ordem dá lugar a um constante conflito.

Não estou querendo dizer que a mulher não pode trabalhar e que o marido não pode cuidar da casa; as atitudes do coração e da cabeça é que fazem a diferença. Houve semanas, enquanto eu terminava um livro, em que meu marido tomou conta das crianças e da casa para que eu pudesse cumprir os prazos. Isso nunca depreciou a sua autoridade ou me fez usurpar a sua posição. Foi algo que ele fez por mim. Houve ocasiões em que ele precisou que eu trabalhasse para que ele pudesse descansar. Fiz isso por ele. Trata-se de um equilíbrio delicado para a maioria das pessoas e, portanto, é melhor orar para que a integridade das duas posições no lar – cabeça e coração – não fiquem comprometidas.

Manter a ordem na casa não significa que ela tem de ser perfeita, mas não deve ficar fora de controle. Se você estiver trabalhando tanto quanto ele para o sustento da casa, as responsabilidades domésticas devem ser compartilhadas. Se ele não quiser compartilhá-las, gastar uma certa quantia em dinheiro para que alguém ajude você algumas horas por semana é mais barato do que um divórcio, um terapeuta, um médico ou um funeral. Peça a Deus que lhe mostre o que fazer nesse caso.

Tudo o que eu disse sobre o lar se aplica também ao seu corpo, alma e espírito. Algum esforço deve ser feito para mantê-los. Ouvi certa vez um programa de rádio em que uma mulher telefonou para queixar-se a um psicólogo que o marido lhe dissera que não era mais atraente. O psicólogo respondeu: — O que você está fazendo para ser atraente? — A mulher não teve resposta. O ponto é este: ser atraente não acontece por si só. Até as mulheres mais deslumbrantes do mundo fazem muito para manter sua aparência sempre atraente. A rainha Ester era uma das mulheres mais belas em seu país e mesmo assim ela passou um ano se embelezando antes de encontrar o rei.

Temos de perguntar a nós próprias a mesma coisa: — O que estou fazendo para me tornar atraente para meu marido? — Estou sempre limpa e cheirosa? Faço exercícios com freqüência para manter meu corpo interna e externamente sadio? Procuro preservar minhas forças e vitalidade com uma dieta sadia? Minhas roupas são atraentes? E, mais importante que tudo: Passo tempo a sós com Deus todos os dias? Garanto que quanto mais tempo você passar com o Senhor, mais radiante se tornará. "Enganosa é a graça e vã a formosura, mas a mulher que teme ao Senhor, essa será louvada" (Pv 31.30).

Você precisa investir em si mesma, sua saúde e seu futuro. É egoísmo não fazer isso. Ore a Deus para mostrar-lhe os primeiros passos e depois capacitá-la a dá-los. Convide o Espírito Santo para habitar no seu coração e no seu lar.

Libertando-se das Expectativas

Estávamos casados há pouco quando, um dia, meu marido me telefonou do escritório e pediu que eu preparasse um prato especial de frango para o jantar. Fui ao supermercado, comprei os ingredientes, preparei o prato e, quando ele chegou em casa, foi entrando e dizendo: — Não estou com vontade de comer frango hoje, prefiro carne. — Não é preciso dizer o que me passou pela mente, porque tenho a certeza de que você já sabe.

Este não foi um incidente isolado. Outros aconteceram com freqüência. Não posso enumerar as vezes em que Michael prometeu estar em casa para o jantar e dez minutos *depois* de o jantar estar pronto, telefonou para dizer que ia trabalhar até tarde e comeria com os colegas. Aprendi finalmente que não adiantava ficar zangada, magoada ou ressentida. Isso só piorava as coisas. Ele se colocava na defensiva por pensar que eu não entendia a sua situação. Compreendi que era mais saudável para nós dois se eu deixasse de lado minhas expectativas. A partir de então, preparava as refeições apenas para mim e as crianças. Se Michael pudesse juntar-se a nós, era uma surpresa agradável. Se não pudesse, eu conseguia sobreviver.

Aprendi que, quando coisas desagradáveis acontecem, é melhor lembrar-me das boas qualidades de meu marido. Recordo-me de como ele me ajuda algumas vezes com os trabalhos domésticos e a cozinha. Ele é fiel e não me dá motivo para duvidar disso. É cristão e vai à igreja, lê a Bíblia, ora e possui padrões morais elevados. Ele me ama e a nossos filhos. Usa seus talentos para a glória de Deus. É um homem bom e generoso. As coisas poderiam ser bem piores, portanto não vou me queixar se ele está ou não em casa para o jantar.

Acho que, se eu pudesse ajudar uma recém-casada em qualquer área, seria para dissuadi-la de iniciar o casamento com uma enorme lista de expectativas e depois frustrar-se porque o marido não corresponde a elas. É claro que há alguns itens básicos que devem ser tratados antes do casamento, tais como fidelidade, sustento financeiro, honestidade, bondade, decência, padrões morais elevados, amor e proteção. Se você não tiver essas coisas, poderá pedi-las. Se ainda assim não conseguir obtê-las, poderá orar. Mas, quando se trata de pontos específicos, você não pode exigir que uma única pessoa satisfaça todas as suas necessidades.

O homem pode sentir-se excessivamente pressionado em ter de fazer isso e ainda realizar seus sonhos. Em vez disso, leve suas necessidades a Deus em oração e espere dele as respostas. Se tentarmos controlar nossos maridos com uma enorme lista à qual devem corresponder e depois ficamos zangadas quando eles não conseguem, *nós* é que estamos erradas. Os maiores problemas em meu casamento ocorreram quando minhas expectativas do que eu pensava que Michael devia ser ou fazer não coincidiam com a realidade de quem ele era.

Livre-se do maior número possível de expectativas. As mudanças que você gostaria que ocorressem em seu marido ou que ele tenta fazer em si mesmo para agradar você estão condenadas ao fracasso e trarão desapontamentos para ambos. Em vez disso, peça a Deus para fazer quaisquer mudanças necessárias. Ele fará um trabalho muito melhor porque "tudo quanto Deus faz durará eternamente; nada se lhe pode acrescentar, e nada lhe tirar" (Ec 3.14). Aceite seu marido como ele é e ore para que ele cresça. Depois, quando a mudança acontecer, será porque Deus trabalhou nele e ela será duradoura. "Somente em Deus, ó minha alma, espera silenciosa, porque dele vem a minha esperança" (Sl 62.5). Suas maiores expectativas devem ser colocadas em Deus e não em seu marido.

Com Todo o Respeito Devido

É interessante que Deus exija que o marido *ame* a esposa, mas exige-se que a esposa tenha *respeito* pelo marido. "Não obstante, vós, cada um de per si, também ame a sua própria esposa como a si mesmo, e a esposa respeite a seu marido" (Ef 5.33). Suponho que mulher alguma iria casar-se com um homem a quem não amasse, mas é comum que a mulher perca o respeito pelo marido depois de estarem casados há algum tempo. A perda de respeito parece preceder a perda de amor e é mais triste para o homem do que pensamos. As conseqüências podem ser muito sérias.

A mulher do rei Davi, Mical, viu seu marido dançando de alegria perante o Senhor na frente do povo, sem as suas vestes reais e só com as roupas de baixo, quando a arca da aliança estava entrando na cidade. Mical não só não participou da alegria dele, como também desprezou-o (2 Sm 6.16). Ela criticou o marido em vez de compreender a situação sob a perspectiva de Deus. Mical pagou caro pela sua falta de respeito. O juízo de Deus fez com que não pudesse ter filhos. Creio que não só trazemos infelicidade para os nossos casamentos e nossos maridos quando não os respeitamos, como isso também fecha a porta para uma nova vida em nós.

Em outro exemplo, a rainha Vasti se recusou a apresentar-se ao rei quando ele a chamou. O rei estava dando uma festa para seus amigos, ele se sentia alegre e queria exibir sua linda esposa. Tudo o que lhe pediu foi que pusesse roupas reais, colocasse a coroa de rainha e fizesse uma aparição real para os convidados. Ela recusou-se, sabendo muito bem que isso seria humilhante para ele. "Porém a rainha Vasti recusou vir por intermédio dos eunucos, segundo a palavra do rei, pelo que o rei muito se enfureceu, e se inflamou de ira" (Et 1.12). O resultado foi que Vasti perdeu a sua posição de rainha. Ela não só fez um mal ao marido, o rei, mas também ao povo. A não ser que a mulher queira perder a sua posição como rainha do coração do marido e magoar além disso a família e os amigos, ela não deve humilhar o esposo por mais que pense que ele o mereça. O preço é alto demais.

Se isto já lhe aconteceu e você está ciente de haver desrespeitado seu marido, confesse isso a Deus neste momento. Diga: — Senhor, confesso que não estimo meu marido da maneira como a tua Palavra diz que devo. Há um muro em meu coração que sei foi levantado para proteger-me contra a possibilidade de ser magoada. Mas estou pronta a derrubá-lo para que meu coração possa curar-se. Confesso as vezes que mostrei desrespeito por ele. Confesso, diante de ti, o pecado expresso em minha atitude e palavras desrespeitosas. Mostra-me como desmanchar esta barreira sobre as minhas emoções, a qual me impede de ter o amor incondicional que tu queres que eu tenha. Quebra o muro endurecido ao redor do meu coração e mostra-me como respeitar meu marido conforme desejas. Dá-me o *verdadeiro amor por ele*, Senhor, e ajuda-me a vê-lo da maneira como o vês.

Orar deste modo lhe permitirá ver o potencial de seu marido para a grandeza, e não as suas falhas. A oração a capacitará a dizer algo positivo que irá animar, edificar, dar vida e renovar seu casamento. O amor diminui se nos fixamos nos aspectos negativos. O amor cresce se enfocamos os positivos. Quando você olhar seu marido através do coração de Deus, poderá enxergar com outros olhos. Haverá momentos em que você não conseguirá saber de onde seu marido vem, o que ele está sentindo e por que está fazendo as coisas que faz, a não ser que tenha o discernimento de Deus. Peça ao Senhor que o dê a você.

Quando estiver orando por si mesma – a esposa dele – lembre-se do modelo da esposa virtuosa da Bíblia. A passagem diz que ela cuida da sua casa e faz isso muito bem. Sabe como comprar e vender, e faz bons investimentos. Mantém-se saudável e forte e se veste de maneira atraente. Trabalha com diligência e possui habilidades lucrativas. É generosa e se prepara conscienciosamente para o futuro. Contribui para a boa reputação do marido. É forte, íntegra, honrada e não teme envelhecer. Fala com sabedoria e bondade. Não permanece ociosa, mas observa cuidadosamente o que se passa em sua casa. Seus filhos e marido a louvam. Ela não confia na beleza exterior, mas sabe que o temor do Senhor é seu maior atrativo. Apóia o marido e mantém uma vida pessoal proveitosa que fala por si mesma (Pv 31).

Esta é uma mulher surpreendente, o tipo de mulher que só podemos tornar-nos mediante a capacitação de Deus e nossa rendição a ele. O resultado é que ela é uma mulher cujo marido confia nela porque "lhe faz bem, e não mal, todos os dias da sua vida" (v.12). Creio que o "bem" mais importante que a mulher pode fazer para o marido é orar. Você me acompanha?

Oração

Senhor, ajude-me a ser uma boa esposa. Compreendo muito bem que não conseguirei isso sem a sua ajuda. Tome o meu egoísmo, impaciência e irritação e transforme-os em bondade, longanimidade e disposição para suportar tudo. Tome meus velhos hábitos emocionais, mentalidade, reações automáticas, suposições rudes e posição autoprotetora e torne-me paciente, bondosa, fiel, gentil e autocontrolada. Tome a dureza do meu coração e derrube os muros com o seu aríete da revelação. Dê-me um novo coração e trabalhe em mim o seu amor, paz e alegria (Gl 5.22,23). Não posso ser mais do que sou neste momento. Só o Senhor pode transformar-me.

Mostre-me onde há pecado em meu coração, especialmente com relação ao meu marido. Confesso as vezes em que mostrei falta de amor, fui crítica, zanguei-me, ressenti-me, fui desrespeitosa ou não pude perdoá-lo. Ajude-me a livrar-me de qualquer mágoa, ira ou desapontamento que possa sentir e a perdoá-lo como o Senhor faz – total e completamente, sem ressentimentos. Faça de mim um instrumento de reconciliação, paz e cura neste casamento. Capacite-nos para nos comunicarmos bem e livre-nos do limiar da separação que leva ao divórcio.

Faça de mim a ajudadora, companheira, defensora, amiga e o apoio de meu marido. Ajude-me a criar um lugar tranqüilo, repousante e seguro para o qual ele possa retornar ao fim do dia. Ensine-me a cuidar de mim mesma e a permanecer atraente para ele. Faça com que eu cresça e me torne uma mulher criativa e confiante, rica de mente, alma e espírito. Faça de mim o tipo de mulher do qual ele possa orgulhar-se como esposa.

Coloco todas as minhas expectativas na sua cruz. Liberto meu marido do fardo de satisfazer-me em áreas em que devo esperar isso do Senhor. Ajude-me a aceitá-lo como ele é e não procurar mudá-lo. Compreendo que em alguns aspectos ele talvez nunca mude; mas, ao mesmo tempo, eu o libero de mudar em coisas que jamais pensei que ele poderia. Deixo quaisquer mudanças que precisem ser feitas nas mãos do Senhor, aceitando plenamente que nenhum de nós dois é perfeito e jamais será. Só o Senhor, meu Deus, é perfeito e peço que nos aperfeiçoe.

Ensine-me a orar por meu marido e a fazer das minhas orações uma verdadeira linguagem de amor. Onde o amor morreu, renove-o, Senhor. Mostre-me como é de fato o verdadeiro amor e como compartilhá-lo com meu marido. Traga unidade entre nós, para que possamos concordar em tudo (Am 3.3). Que o Deus da paciência e do consolo nos conceda ter o mesmo sentimento de um para com o outro, segundo Cristo Jesus (Rm 15.5). Faça de nós uma equipe, trabalhando juntos, ignorando as falhas e fraquezas mútuas para o bem maior do casamento e não seguindo vidas separadas, competitivas ou independentes. Ajude-nos a buscar as coisas que promovem a paz e aquelas com as quais possamos edificar um ao outro (Rm 14.19). Que possamos ser "inteiramente unidos na mesma disposição mental e no mesmo parecer" (1 Co 1.10).

Oro para que o nosso compromisso com o Senhor e um com o outro fique cada dia mais forte. Capacite-o para ser o chefe da casa como o Senhor o fez para ser e mostre-me como apoiá-lo e respeitá-lo enquanto ele procura desempenhar essa posição de liderança. Ajude-me a compreender os seus sonhos e ver as coisas da perspectiva dele. Revele-me o que ele quer e o que precisa e mostre-me os problemas em potencial antes de ocorrerem. Sopre a sua vida, ó Deus, neste casamento.

Faça de mim uma nova pessoa, Senhor. Dê-me uma nova perspectiva, um ponto de vista positivo e uma relação renovada com o homem que o Senhor me deu. Ajude-me a vê-lo com novos olhos, nova apreciação, novo amor, nova compaixão e nova aceitação. Dê a meu marido uma nova mulher, e que seja eu.

Instrumentos de Poder

Por isso vos digo que tudo quanto em oração pedirdes,
crede que recebestes, e será assim convosco.
E, quando estiverdes orando, se tendes alguma coisa
contra alguém, perdoai, para que vosso
Pai celestial vos perdoe as vossas ofensas.
Mc 11.24,25

Antes, sede uns para com os outros benignos,
compassivos, perdoando-vos uns aos outros, como
também Deus em Cristo vos perdoou.
Ef 4.32

Pedi, e dar-se-vos-á; buscai, e achareis;
batei, e abrir-se-vos-á. Pois todo o que pede recebe;
o que busca encontra; e a quem bate, abrir-se-lhe-á.
Mt 7.7,8

Com a sabedoria edifica-se a casa, e com a inteligência
ela se firma; pelo conhecimento se encherão as câmaras
de toda sorte de bens, preciosos e deleitáveis.
Pv 24.3,4

E não nos cansemos de fazer o bem, porque
a seu tempo ceifaremos, se não desfalecermos.
Gl 6.9

Capítulo Dois

Sua Obra

Bruno quase nunca trabalha. Ele deixa que Vera, sua mulher, sustente a família enquanto ele persegue os seus sonhos. O problema é que Vera não está contente em carregar todo o peso do sustento da família indefinidamente e Bruno vem correndo atrás do seu sonho há dezessete anos, com nada útil para mostrar todo esse tempo. Creio que a raiz da inatividade de Bruno é o medo. Se não obtiver o trabalho ideal, teme acabar num emprego que odeia e ficar preso a ele para sempre.

Estêvão está se matando de tanto trabalhar. Não descansa nem goza o sucesso dos seus esforços. É raro passar algum tempo com a família, e seus filhos adolescentes estão se aproximando rapidamente da idade adulta. Ele não trabalha assim porque precisa, mas porque tem medo. Se parar, teme ser desvalorizado por todos, inclusive os seus.

Esses são exemplos extremos de como um homem pode relacionar-se com o seu trabalho. De um lado está a preguiça – evitar o trabalho por egoísmo, medo, falta de confiança, depressão ou medo do futuro. Deus diz o seguinte a respeito dos preguiçosos: "Como a porta se revolve nos seus gonzos, assim o preguiçoso no seu leito" (Pv 26.14). "E a sonolência vestirá de trapos o homem" (Pv 23.21). "O caminho do preguiçoso é como que cercado de espinhos" (Pv 15.19). "O preguiçoso morre desejando, porque as suas mãos recusam trabalhar" (Pv 21.25). Em outras palavras, o preguiçoso nunca vai a lugar algum, jamais terá algo, a estrada à sua frente é árdua e no final irá destruí-lo.

O extremo oposto é o excesso e a obsessão pelo trabalho, afastando-se de tudo, sem valorizar a vida. Do viciado em trabalho Deus diz: "Tal é a sorte de todo ganancioso; e este espírito de ganância tira a vida de quem o possui" (Pv 1.19). "Considerei todas as obras que fizeram as minhas mãos, como também o trabalho que eu, com fadigas, havia feito; e eis que tudo era vaidade e correr atrás do vento, e nenhum proveito havia debaixo do sol" (Ec 2.11). Em outras palavras, o excesso de trabalho é extenuante e sem sentido.

Nenhum desses extremos promove a felicidade e a satisfação. Só um equilíbrio perfeito entre ambos, que Deus pode ajudar o homem a descobrir, trará essa qualidade de vida.

O que faz o homem ir para um desses extremos pode ser estranhamente a mesma razão: medo. Isso acontece porque em geral a identidade do homem está ligada ao seu trabalho. Ele precisa ser valorizado e precisa vencer, e o seu trabalho é geralmente um meio de conseguir essas coisas. Ele se amedronta ao pensar que talvez não consiga obter nenhuma delas. Se estiver desenvolvendo uma função que o diminua, ele se sentirá desvalorizado como pessoa. Se não for bem-sucedido, irá sentir-se um perdedor.

Deus reconhece que o trabalho é uma fonte de satisfação para o homem e diz que não há nada melhor para ele do que "desfrutar o bem de todo o seu trabalho" – esse é um dom de Deus (Ec 3.13). O fato de muitos homens não estarem satisfeitos no emprego tem menos a ver com o seu trabalho do que com o fato de terem ou não um sentido de propósito. O homem que não tem um propósito pode eventualmente chegar a um ponto em que venha a constatar que trabalhou dura e longamente por uma recompensa tão pequena que não consegue mais visualizar um futuro para si mesmo – pelo menos um pelo qual valha a pena viver. Se, aliado a isso, surgir em seu horizonte o espectro da idade avançada, ele poderá vir a pensar: — Você não tem mais valor para ninguém. Você é substituível. Você não pode mais fazer o que costumava. Você é velho demais para aprender. Você não possui os quesitos necessários. Você não tem um objetivo. — Chegar a este ponto é perigoso para o homem.

Geraldo, seu pai e seu avô tinham dificuldades para ganhar o seu sustento. De fato, passaram-se muitos anos antes que cada um deles resolvesse o que deveriam fazer. Eles foram de emprego em emprego, sem qualquer orientação clara. Lutaram financeiramente. Nenhum deles tinha pais que orassem a seu favor, a fim de que os seus dons e talentos fossem revelados, para que conhecessem o chamado de Deus para as suas vidas, para que as portas se abrissem e se tornassem tudo que foram criados para ser. Sem a intervenção de Deus, a história tende a repetir-se.

Tenho observado que as pessoas cujos pais oram constantemente parecem definir suas carreiras mais cedo. Talvez ela não decole imediatamente, mas essas pessoas têm um senso de propósito e de futuro que as impele na direção certa. São indivíduos que não vivem frustrados e sem rumo como os outros. Embora muitos pais tenham uma agenda para seus filhos, nem todos os filhos buscam o plano de Deus para a sua vida. Se deixada ao acaso, a vida da criança pode resultar na falta de vocação para qualquer coisa. Ela vacila, se decepciona, duvida e se desespera enquanto tenta abrir um caminho para si mesma. Se os pais de seu marido não oravam por ele, as suas orações poderão preencher essa lacuna e mudar a vida dele. Ore para que Deus mostre a ele o que fazer e para onde se dirigir. As suas orações podem ajudá-lo a sentir-se apreciado e encorajado o suficiente para reconhecer seu valor, não importa o que ele faça. Você pode muni-lo de segurança no sentido de que Deus lhe concedeu dons específicos de habilidade e talento e tem algo bom para ele logo adiante. Ore então para que Deus revele essas coisas e abra a porta da oportunidade que homem algum pode fechar. As suas orações podem calçar o caminho para ele.

Mesmo que seu marido já seja bem-sucedido na profissão que escolheu, é bom orar para que ele esteja onde Deus deseja e para que tudo continue correndo bem. Meu marido, que é compositor e produtor de discos, disse haver sentido que as minhas orações o impediram de trabalhar com os clientes errados. Ele jamais trabalhou com ninguém difícil, estranho, maldoso ou inadequado, o que é nada menos que um milagre no seu ramo. Ele sabia que eu sempre orava para que Deus o guiasse para as pessoas certas e tirasse do seu caminho os que pudessem causar problemas. Embora as nossas orações não possam garantir uma estrada livre de tropeços para nossos maridos, elas podem certamente afastá-los de muitas dificuldades.

Se o seu marido trabalha muito, faça com que tenha períodos de descanso e distração – para fazer coisas que o entretenham e o aliviem do peso de uma vida inteira a serviço da família. Os homens precisam descansar; caso contrário, tenderão a ficar estressados e a ceder a tentações de todos os tipos. As suas orações podem também ajudar seu marido a compreender que o verdadeiro sentido da vida não está no trabalho, mas em seguir a Deus. Vamos orar para que nossos maridos encontrem esse equilíbrio perfeito.

Oração

Senhor, oro para que abençoe o trabalho de meu marido. Que o seu esforço não só traga benefícios, sucesso e prosperidade, mas também grande satisfação. Se o trabalho que ele está desenvolvendo não estiver de acordo com a perfeita vontade do

Senhor para a vida dele, deixe-lhe isso claro. Mostre-lhe o que ele deve fazer de modo diferente e guie-o no caminho certo. Dê-lhe força, fé e uma visão do futuro, a fim de que possa superar qualquer tendência para a preguiça. Que ele nunca fuja do trabalho por medo, egoísmo ou desejo de evitar a responsabilidade. Por outro lado, ajude-o a ver que não deve trabalhar exageradamente para obter a aprovação dos homens, ou cobiçar um ganho superior àquilo que é um dom do Senhor. Dê-lhe a capacidade de gozar o seu sucesso sem se exceder para receber mais. Ajude-o a alcançar a excelência, mas livre-o da pressão nesse sentido.

Oro para que o Senhor dirija seus atos e que ele possa colocar o Senhor em cada aspecto de seu trabalho. Dê a ele confiança suficiente nos dons que recebeu para que possa buscar, encontrar e fazer um bom trabalho. Abra-lhe as portas da oportunidade que homem algum pode fechar. Desenvolva as suas habilidades de modo a aperfeiçoá-las a cada ano. Mostre-me o que posso fazer para encorajá-lo.

Oro para que o seu trabalho seja estável, seguro, bem-sucedido, satisfatório e financeiramente compensador. Que ele "não seja remisso no zelo; mas fervoroso de espírito, servindo ao Senhor" (Rm 12.11). Que seja como a árvore plantada junto às águas da vida do Senhor, que produz fruto na estação apropriada. Que ele nunca desanime sob pressão, mas cresça forte e próspero (Sl 1.3).

Instrumentos de Poder
Vês a um homem perito na sua obra?
perante reis será posto; e não entre a plebe.
Pv 22.29

Não te fatigues para seres rico; não apliques nisso a tua inteligência. Porventura fitarás os teus olhos naquilo que não é nada? pois certamente a riqueza fará para si asas, como a águia que voa pelos céus.
Pv 23.4,5

Pois, que aproveitará o homem se ganhar o
mundo inteiro e perder a sua alma? ou que dará
o homem em troca da sua alma?
Mt 16.26

Pela muita preguiça desaba o teto, e pela
frouxidão das mãos goteja a casa.
Ec 10.18

Seja sobre nós a graça do Senhor nosso Deus;
confirma sobre nós as obras de nossas mãos, sim,
confirma a obra das nossas mãos.
Sl 90.17

Capítulo Três

Suas Finanças

G rande parte do perfil e da experiência de seu marido tem muito a ver com o modo como ele encara suas finanças. Ele é generoso ou avarento? É grato ou inveja outros? O dinheiro é uma bênção ou uma maldição? Ele é prudente ou irresponsável com o que tem? Ele concorda com você na administração financeira, ou há conflitos? Nada faz mais pressão sobre o casamento do que a irresponsabilidade financeira, falta de dinheiro e grandes dívidas. Só quando reconhecemos que tudo vem de Deus e procuramos fazer dele o Senhor absoluto é que podemos evitar as armadilhas que o dinheiro ou a falta dele nos preparam.

Embora meu marido tenha tido sempre uma boa renda, a natureza do seu negócio é "festa ou fome" com relação a quando, como e quanto dinheiro entra. Certo ano houve uma recessão no mercado musical e todos se ressentiram dela. Mesmo as empresas que nos deviam dinheiro retiveram o pagamento por lhes faltar fluxo de caixa. Foi uma época tremenda, mas teria sido muito pior se não tivéssemos tido fé no Senhor e confiado a ele as nossas finanças.

Nosso consolo estava em saber que havíamos obedecido a Deus contribuindo para a coleta da igreja: "Trazei todos os dízimos à casa do tesouro", e veja se ele "não abrirá as janelas do céu, e não derramará sobre nós bênção sem medida" (Ml 3.10). Fomos também fiéis em dar aos pobres e necessitados: "Bem-aventurado o que acode ao necessitado; o Senhor o livra no dia do mal. O Senhor o protege e lhe preserva a vida, fá-lo feliz na terra" (Sl 41.1,2).

Sabíamos também que a Bíblia promete que "aos que buscam o Senhor bem nenhum lhes faltará" (Sl 34.10). Estávamos certamente buscando ao Senhor. Acreditávamos que se buscássemos a Deus como a nossa fonte e vivêssemos em obediência aos seus caminhos, ele nos proveria e teríamos todo o necessário. O Senhor assim o fez e nada nos faltou.

Os problemas financeiros podem ser resolvidos submetendo-os aos cuidados e à vontade de Deus. Faça o que lhe pede. Dê quando o Senhor mandar. Ao que o obedece, Deus promete livrá-lo, protegê-lo, abençoá-lo, curá-lo e mantê-lo vivo. Porém quem o desobedecer experimentará a mesma desolação dos pobres. "O que tapa o ouvido ao clamor do pobre também clamará e não será ouvido" (Pv 21.13). Não dar impede que você aproveite o que tem e ainda lhe traz dificuldades em sua vida.

É claro que há pessoas ricas que não fazem doações. Se examinar de perto suas vidas, descobrirá que não estão recebendo muitas das bênçãos do Senhor: integridade, proteção, amor, paz, saúde e satisfação. Todas são afugentadas continuamente sem que essas pessoas saibam a razão. Adquirem riquezas, mas perdem a capacidade de gozá-las, tudo porque não sabem que a chave para a vida é conhecer o Senhor e viver de acordo com a sua vontade. Isto significa dar tempo, energia, amor, talento e dinheiro segundo a orientação de Deus.

Ore para que o seu marido encontre esta chave para a vida e compreenda a vontade de Deus para as suas finanças. Ore para que ele se torne um indivíduo generoso, satisfazendo-se com o que já possui sem esforçar-se demasiadamente visando a conseguir mais e mais. Não estou dizendo que ele não deve querer aumentar seu ganho – mas exatamente o contrário. O homem merece receber seu ganho de acordo com o valor de seu trabalho, e sua esposa deve orar por isso. Um trabalho pesado que leva à extrema pobreza trazendo angústia, amargura, doença e inveja não deve ser aceito como um estilo de vida. Não deixe então de orar para que os depósitos de bênçãos se abram sobre ele, mas ore para que tudo venha igualmente da mão de Deus. "A bênção do Senhor enriquece, e com ela não traz desgosto" (Pv 10.22).

Talvez não seja possível evitar todo problema financeiro através da oração, porque às vezes Deus se utiliza de situações dessa natureza para chamar nossa atenção e nos ensinar coisas. Mas suas orações irão certamente ajudar a proteger seu marido de esforços e perdas desnecessários. O desejo de Deus é abençoar os que têm corações obedientes e gratos, cujo verdadeiro tesouro está no Senhor. "Onde está o teu tesouro, aí estará também o teu coração" (Mt 6.21). Deus quer que o seu marido encontre no Senhor o seu tesouro, e não nas suas finanças.

Oração

Senhor, entrego minhas finanças ao Senhor. Encarregue-se delas e use-as para os seus propósitos. Que nós dois possamos ser bons mordomos de tudo que o Senhor nos dá e concordemos completamente sobre como devemos usar nossos bens. Oro para que aprendamos a viver livres de dívidas pesadas. Onde não tenhamos sido sábios, traga restauração e dê-nos orientação. Mostre-me como posso aumentar nossa renda e não diminuí-la insensatamente. Ajude-nos a lembrar que tudo que temos pertence ao Senhor, e que sejamos gratos por isso.

Oro para que (nome do marido) não tenha dificuldades em dar ao Senhor e a outros conforme as instruções na sua Palavra. Dê a ele sabedoria para usar sabiamente o dinheiro. Ajude-o a tomar boas decisões sobre como gastá-lo. Mostre-lhe como planejar para o futuro. Oro para que ele encontre o equilíbrio perfeito entre não gastar desnecessariamente nem ser avarento. Que ele possa sempre ser bem renumerado pelo trabalho que faz e que o seu dinheiro não seja roubado, perdido, consumido, destruído ou desperdiçado. Multiplique seus ganhos de forma que possam render bastante. Oro para que ele não fique ansioso em função do dinheiro, mas busque primeiro o reino de Deus, sabendo que se fizer isso, teremos tudo o que precisamos (Lc 12.31).

Instrumentos de Poder

Não andeis, pois, a indagar o que haveis de comer ou
beber, e não vos entregueis a inquietações.
Porque os gentios de todo o mundo é que procuram
estas coisas; mas vosso Pai sabe que necessitais delas.
Buscai, antes de tudo, o seu reino, e estas
coisas vos serão acrescentadas.
Lc 12.29-31

Quanto ao homem, a quem Deus conferiu
riquezas e bens, e lhe deu poder para deles comer,
e receber a sua porção, e gozar do seu trabalho;
isto é dom de Deus.
Ec 5.19

O que dá ao pobre não terá falta, mas o que dele
esconde os seus olhos será cumulado de maldições.
Pv 28.27

Fui moço, e já, agora, sou velho,
porém jamais vi o justo desamparado, nem a sua
descendência a mendigar o pão.
Sl 37.25

E o meu Deus, segundo a sua riqueza em glória,
há de suprir, em Cristo Jesus, cada uma
de vossas necessidades.
Fp 4.19

Capítulo Quatro

Sua Sexualidade

E stamos tratando diretamente neste livro das principais prioridades na vida do homem. Penso que se pudermos contribuir para a felicidade de nossos maridos nessas áreas tão preciosas para eles, teremos mais sucesso em entrar em outras áreas cruciais para o seu bem-estar.

Depois de orar por vinte anos com mulheres a respeito de seus casamentos falhos, conflituosos, insatisfatórios ou mortos, observei que freqüentemente a relação sexual é para elas algo de baixa prioridade. Não se trata absolutamente de a esposa não se importar com essa parte da sua vida. Mas, sim, que há tantas outras coisas exigindo sua atenção, tais como educação dos filhos, trabalho, finanças, administração da casa, estresse emocional, organização de prioridades, que o sexo pode ficar no fim da lista.

Algumas mulheres permitem que se passem semanas, meses ou até mais sem manter relações sexuais com o marido, por uma ou outra razão. Quando o desastre acontece, elas ficam espantadas. Embora a esposa possa ter-se sentido bem com este arranjo, o marido estava sendo negligenciado em uma parte importante do seu ser.

Para a mulher, o sexo procede do afeto. Ela não quer ser afetuosa com um homem que a faz sentir-se zangada, magoada, solitária, desapontada, estressada, não apoiada, ignorada ou abandonada. Mas, para o marido, o sexo é pura necessidade. Seus olhos, ouvidos, cérebro e emoções ficam anuviados se não tiver esse relaxamento. Ele tem dificuldade em ouvir qualquer coisa que a mulher diga ou ver o que ela precisa quando essa área do seu ser é negligenciada. As esposas algumas vezes entendem isso de modo inverso. Elas pensam: *Podemos ter sexo depois de tratar de todos esses assuntos*. Mas, na verdade, há muito mais chance de resolver as outras questões se o sexo vier primeiro.

É por isso que é importante fazer do sexo uma prioridade em seu casamento. O ponto não é se todas as condições são perfeitas ou se você se sente disposta para isso. O ponto é satisfazer as necessidades de seu marido e manter abertas as linhas de comunicação. Não é difícil fazer com que o homem se sinta insignificante, abatido, desanimado, destruído ou tentado nesta questão. Não há, provavelmente, nenhum meio mais importante de satisfação para o homem e nenhuma área em que ele seja mais vulnerável.

Os problemas sexuais são bastante comuns porque muitas mulheres não entendem adequadamente a perspectiva de Deus sobre o assunto. Mas a Bíblia é cristalina. "A mulher não tem poder sobre o seu próprio corpo, e, sim, o marido; e também, semelhantemente, o marido não tem poder sobre o próprio corpo, e, sim, a mulher. Não vos priveis um ao outro, salvo talvez por mútuo consentimento, por algum tempo, para vos dedicardes à oração e novamente vos ajuntardes, para que Satanás não vos tente por causa da incontinência" (1 Co 7.4,5). O sexo entre marido e esposa é idéia de Deus. A não ser que estejamos jejuando e orando durante semanas seguidas, ou estejamos fisicamente enfermos, ou separados, não há desculpa para não praticá-lo regularmente.

Quando somos casados, nossos corpos não nos pertencem. *Devemos* preocupar-nos mutuamente com a questão física e não privar um ao outro. A freqüência do sexo depende da necessidade da *outra pessoa* e não só da nossa. Se a sua atitude sobre fazer sexo se resume apenas ao que *você* precisa ou ao que *você* não quer, então não tem a visão de Deus. Ele diz que o nosso corpo deve ser usado para confortar e completar a *outra* pessoa. Algo é edificado no homem e no casamento quando esta necessidade é satisfeita pela esposa. Algo é diminuído quando isso não acontece. Vocês se tornam muito mais vulneráveis à tentação e à destruição do que podem imaginar quando esta área de comunicação íntima é negligenciada. Isso pode acontecer com qualquer um e é por isso que o aspecto sexual do seu casamento e a sexualidade de seu marido devem ser objeto de oração. É melhor começar a orar *antes* de surgir a necessidade.

Se o seu marido deseja o sexo com mais freqüência e você é quem está se retraindo, peça ajuda a Deus para mudar de atitude. Descobri que o período mais difícil para lidar com essa questão é quando as crianças são pequenas e não sabem cuidar de si mesmas. Quando você finalmente as coloca na cama, está exausta e quase caindo de sono. Só pensa em dormir o mais depressa possível, enquanto seu marido está fazendo outros planos para você. Suas opções são rejeitar totalmente a idéia e dizer: — Esqueça, estou cansada —, ou dizer-lhe que está exausta e esperar que *ele* diga: — Está bem. Sem problemas. Vá descansar —, ou reagir negativamente e fazê-lo sentir-se culpado ou zangado. Mas encontrei uma quarta opção que funciona muito melhor. Tente e veja se dá certo para você.

Quando seu marido comunicar o que ele tem em mente, como só um marido pode fazer, não revire os olhos e suspire fundo. Diga em vez disso: — Está bem, dê-me quinze minutos (ou dez, vinte, ou o que precisar). — Durante esse tempo faça o que puder para mostrar-se atraente. Por exemplo, tome uma ducha ou um banho relaxante. Ponha uma loção ou o perfume favorito dele. (Tenha um perfume para usar só nesses momentos a sós com ele.) Penteie o cabelo. Lave o rosto e prepare-o com produtos que façam sua pele parecer úmida e fresca. Coloque um brilho nos lábios. Ponha uma lingerie que sabe que ele acha irresistível. Não se preocupe com as suas imperfeições; ele não está pensando nelas. Caso se sinta constrangida, use um bonito robe que esconda os pontos que a preocupam.

Enquanto estiver fazendo isso, ore a Deus para que lhe dê energia, vitalidade e força renovadas, assim como uma boa atitude. Quando estiver pronta, confie em que ele vai achar que valeu a pena a espera. Você se surpreenderá ao perceber como pode tornar-se uma parceira de sexo muito melhor quando está se sentindo bem consigo mesma. Ele vai ficar mais feliz e os dois dormirão melhor. Este é um pequeno investimento de tempo que produzirá grandes recompensas em seu casamento.

Algumas vezes a situação é oposta, a esposa é que é sexualmente negligenciada pelo marido. A falta de interesse dele pode acontecer por muitas razões – físicas, mentais e emocionais. Mas se ele ficar contente em passar mês após mês sem sexo, alguma coisa então está errada. Se não houver um problema físico que o impeça, talvez esteja tendo sentimentos profundos de fracasso, desapontamento, depressão ou desânimo que precisam ser tratados. A oração pode ajudar a revelar qual é o problema e como resolvê-lo. Procure ajuda profissional se precisar. Isso é mais barato do que um divórcio ou a destruição física, emocional e mental de um casamento morto. Não permita que emoções negativas como ressentimento, amargura, autopiedade e falta de perdão cresçam em você. Mantenha-se sadia e atraente.

Se não tiver a si mesma em alta conta a ponto de não cuidar de seu corpo, faça isso como um ato de bondade para *ele*. Compre uma lingerie especial de que *ele* goste e use-a quando estiver com ele. Faça um novo penteado. Surpreenda-o com uma nova atitude. Mantenha sua mente despreocupada e vá em frente e em crescimento. Basicamente, *não faça nada*. Coisas desagradáveis ocorrem quando a parte sexual do casamento é negligenciada. Não permita que isso aconteça com você. Mantenha o olho no calendário e se recuse a deixar que passe muito tempo sem que se unam fisicamente. Se já passou muito tempo, peça a Deus que lhe mostre o porquê e a ajude a remediar a situação. E, lembre-se, nunca é tarde demais para orar pela pureza sexual, sem levar em conta o que houve no passado de vocês. Algumas vezes os problemas sexuais no casamento são resultado de experiências sexuais antes do casamento. Ore para livrar-se e ficar curada dessas lembranças. A pureza se manifesta no momento em que ela lança raízes no coração; e tudo começa na oração. Não prejudique ou perca o que Deus tem para o seu casamento, deixando de orar por esta área vital da sua vida.

Oração

Senhor, abençoe a sexualidade de meu marido e permita que ela lhe seja satisfatória. Restaure o que precisa ser restaurado, equilibre o que precisa ser equilibrado. Proteja-nos da apatia, decepção, críticas, excesso de ocupação, falta de perdão, insensibilidade ou desinteresse. Oro para que possamos achar tempo um para o outro, comunicar francamente os nossos sentimentos e permanecer sensíveis às necessidades mútuas.

Mantenha-nos sexualmente puros na mente e no corpo e feche a porta a qualquer coisa libidinosa ou ilícita que procure envolver-nos. Livre-nos das cadeias dos erros passados. Remova de nosso meio os efeitos de qualquer experiência sexual – em pensamentos ou obras – que tenha ocorrido fora da nossa relação. Remova qualquer pessoa ou coisa de nossas vidas que possa servir de tentação à infidelidade. Ajude-nos a "abster-nos da imoralidade" para que cada um de nós saiba "como possuir o próprio corpo, em santificação e honra" (1 Ts 4.3-5). Oro para que desejemos um ao outro e a ninguém mais. Mostre-me como tornar-me atraente e desejável para ele e ser a parceira de que ele precisa. Oro para que nenhum de nós venha a ser tentado a pensar em buscar satisfação em outra pessoa. Compreendo que uma parte importante do meu ministério para meu marido é sexual. Ajude-me a nunca usar isso como uma arma ou um meio de manipulação, dando ou retendo a prática do sexo por razões egoístas. Entrego esta área das nossas vidas ao Senhor. Que ela possa ser continuamente renovada e estimulante. Faça dela tudo que o Senhor a criou para ser.

Instrumentos de Poder

Fugi da impureza! Qualquer outro pecado que uma
pessoa cometer é fora do corpo; mas aquele que
pratica a imoralidade peca contra o próprio corpo.
Acaso não sabeis que o vosso corpo é santuário do
Espírito Santo que está em vós, o qual tendes
da parte de Deus, e que não sois de vós mesmos?
Porque fostes comprados por preço.
Agora, pois, glorificai a Deus no vosso corpo.
1 Co 6.18-20

... O corpo não é para a impureza, mas para o Senhor,
e o Senhor para o corpo.
1 Co 6.13

Bebe a água da tua própria cisterna, e das correntes do
teu poço. Derramar-se-iam por fora as tuas fontes,
e pelas praças os ribeiros de águas? Sejam para ti
somente e não para os estranhos contigo.
Seja bendito o teu manancial, e alegra-te com a mulher
da tua mocidade, corça de amores,
e gazela graciosa. Saciem-te os seus seios em todo o
tempo; e embriaga-te sempre com as suas carícias.
Pv 5.15-19

Capítulo Cinco

Seu Afeto

Marcos e Patrícia estavam casados há anos quando ela conversou seriamente com ele sobre a sua falta de afeto. Marcos era um excelente marido em todas as outras áreas e o relacionamento sexual de ambos era bom; mas, exceto no momento do ato sexual, não demonstrava qualquer afeição. Isso não ocorria porque Marcos não amasse Patrícia – ele a queria demais. O problema é que o afeto era algo que ele não conhecera na infância. Patrícia sentia-se culpada com os seus próprios sentimentos e não queria criticar ou magoar Marcos, mas ela também não conhecera afeto quando criança, portanto isso era muito importante em seu casamento.

Cada vez que ela o confrontava sobre esse problema, ele tentava mudar, mas logo as coisas voltavam à estaca zero. Isto provocou em ambos grande frustração e mágoa. Com o tempo, Patrícia perdeu as esperanças e sentiu como se estivesse morrendo por dentro. Ela não sabia como poderia viver o resto da sua vida sem afeto, mas achava que não podia esperar qualquer mudança por parte de Marcos.

O sofrimento de Patrícia finalmente levou-a a dividir o problema com suas parceiras de oração. Elas oraram diligentemente por isso todas as semanas e, enquanto oravam, Deus trabalhou em Patrícia. Ele a levou a alimentar-se melhor e a exercitar-se adequadamente – coisas para as quais ela sempre fora rebelde.

Depois que se submeteu totalmente a Deus com relação a isso e começou a obedecer a sua vontade, Patrícia passou a sentir-me melhor consigo mesma e compreendeu que *merecia* ser tratada com mais afeto pelo marido. Não precisava sentir-se culpada por desejar afeição porque o Senhor também queria isso para ela. Logo, Patrícia sentiu que Deus a guiava para confrontar Marcos novamente nessa questão. Desta vez seria diferente porque agora estava sendo guiada pelo Espírito Santo e ela e suas companheiras de oração haviam pedido uma transformação milagrosa em Marcos.

— Foi necessário coragem para falar sobre isso novamente — ela me contou. — Fiquei com medo que pudéssemos chegar ao divórcio porque ambos estávamos tão magoados que não víamos mais esperança um no outro. Mas Deus me ajudou a falar com amor e desta vez a conversa provocou uma abertura imediata.

— O ponto crítico — lembrou-se Marcos — foi quando Patrícia me disse: 'Querido, como alguém tão maravilhoso como você, com todas as suas qualidades, alguém a quem amo e em quem confio tanto, pode ser incapaz de demonstrar afeição?

— Por ter usado palavras que lhe deram confiança — explicou Patrícia — ele sentiu que valia a pena tentar de novo.

Marcos agiu de modo diferente dessa vez. Ele levou o problema ao seu próprio grupo de oração, que imediatamente o apoiou. Eles decidiram não só apoiá-lo com orações diárias, mas também cobrar dele a demonstração de algum tipo de afeto a Patrícia todos os dias.

— Isto foi algo que me agradou, porque eu queria mudar — disse Marcos. — Amo minha esposa e me odiava por magoá-la. Eu queria ser diferente e sabia que a verdadeira transformação só pode acontecer mediante o poder do Espírito Santo.

Todos os dias, durante semanas, um dos homens do grupo telefonava para Marcos e dizia: — O que você fez hoje para mostrar afeto a Patrícia? — Eles também sugeriram *meios* de mostrar afeição e dar segurança a ela. Disseram a Marcos que perguntasse regularmente a Patrícia: — Como estou indo? — Para alguém cujo coração não tivesse sido preparado pelo Espírito Santo, isto poderia ter sido extremamente aborrecido. Mas, como Marcos aceitara com prazer a obra do Senhor nele, não houve problemas.

— Agora, a primeira coisa que ele faz ao chegar em casa é me dar um abraço e um beijo — disse Patrícia com um sorriso radiante. — Senti-me uma nova pessoa depois de cinco abraços.

A situação de Marcos é Patrícia não é rara. Muitas pessoas, mesmo homens e mulheres piedosos, mantêm casamentos falidos por ausência de afeto. As mulheres suportam isso porque os maridos são bons em outros aspectos, ou porque elas não se sentem dignas de exigir afeição.

Mas não foi assim que Deus planejou o relacionamento conjugal. "O marido conceda à esposa o que lhe é devido, e também semelhantemente a esposa ao seu marido" (1 Co 7.3). Há um "tempo de abraçar", diz a Bíblia (Ec 3.5). Esse tempo é definitivamente quando você é casado. A afeição não está no alto da lista de prioridades dos homens porque eles no geral acham que sexo e afeição são a mesma coisa. A maior necessidade da mulher é o afeto. Se você tem um casamento em que falta esse ingrediente, ore pedindo a transformação do Espírito Santo.

Oração

Senhor, oro para que haja afeição física entre meu marido e eu. Capacite cada um de nós a deixar de lado o constrangimento ou a apatia e ser efusivo em nossa demonstração de amor. Ajude-nos a demonstrar o quanto gostamos e valorizamos um ao outro. Lembre-nos durante o correr do dia de tocar-nos de alguma maneira afetuosamente. Ajude-nos a não ser frios, reservados, desinteressados ou distantes. Capacite-nos a ser cordiais, ternos, compassivos, amorosos e carinhosos. Afaste qualquer atitude obstinada da nossa parte que nos impeça de mudar e crescer. Se um de nós for menos afetuoso que o outro, dê-nos equilíbrio.

Se a ausência de afeto provocou em nossos filhos uma visão negativa do casamento ou ensinou-lhes um meio incorreto de se relacionar com o cônjuge, ajude-nos a corrigir esses falhas de modo que possamos ser-lhes um exemplo a ser seguido. Mostre-nos como confessar francamente nossos erros a eles e demonstrar nosso compromisso de viver de modo diferente.

Mude nossos hábitos de indiferença ou excesso de ocupação. Que não nos consideremos sempre certos e que a afeição não seja um ato de grande esforço. Ajude-nos a não enfraquecer o casamento negligenciando este meio vital de comunicação. Oro para que sempre "saudemos um ao outro com ósculo de amor" (1 Pe 5.14). Sei que só o poder transformador do Espírito Santo pode fazer mudanças duradouras. Confio em que o Senhor irá transformar-nos e fazer de nós o marido e a esposa que nos chamou para ser.

Instrumentos de Poder

Se há, pois, alguma exortação em Cristo,
alguma consolação de amor, alguma comunhão
do Espírito, se há entranhados afetos e misericórdias,
completai a minha alegria de modo que
penseis a mesma coisa, tenhais o mesmo amor,
sejais unidos de alma, tendo o mesmo sentimento.
Fp 2.1,2

Assim também os maridos devem amar as suas
mulheres como a seus próprios corpos. Quem ama a

sua esposa, a si mesmo se ama. Porque ninguém jamais odiou a sua própria carne, antes a alimenta e dela cuida, como também Cristo o faz com a igreja.
Ef 5.28,29

Não tenha cada um em vista o que é propriamente seu, senão também cada qual o que é dos outros.
Fp 2.4

A sua mão esquerda esteja debaixo da minha cabeça, e a direita me abrace.
Ct 2.6

Ninguém busque o seu próprio interesse; e, sim, o de outrem.
1 Co 10.24

Capítulo Seis

Suas Tentações

Desde que Michael e eu nos casamos, tenho orado a Deus para afastar a tentação das nossas vidas. Não sei se foi resultado das orações ou o fato de que ambos nos guardamos dessas coisas, mas nunca demos um ao outro um único motivo de preocupação. Estou certa de que isso é devido mais à mão de Deus do que à força da restrição humana, mas ambas são importantes.

Conheço vários casais que experimentaram o adultério em seu casamento, mas, em vista de haver em cada caso uma esposa disposta a orar e um marido pronto a permitir que a mão de Deus o transformasse e restaurasse, os casamentos continuam intatos e bem-sucedidos ainda hoje. Só a oração, um coração submisso e o poder transformador do Espírito Santo podem operar esse tipo de milagre.

Tenho uma amiga cujo marido manteve vários casos antes de eles finalmente se divorciarem. Cada caso ocorreu com uma das melhores amigas dela. Questionei o que ela considera como "amigas", mas nunca duvidei da sua piedade ou compromisso de orar. Ela orava. Mas um coração que se recusa a ouvir as sugestões do Espírito Santo não vai mudar, por mais que você ore.

A tentação está hoje em toda parte e seremos insensatas se pensarmos que nossos maridos não podem ser seduzidos por ela de uma ou outra forma. A Bíblia diz: "Os olhos do homem nunca se satisfazem" (Pv 27.20). Se isso for verdade, a tentação é sempre uma possibilidade e devemos ficar atentas. Certas pessoas são tentadas pelo álcool e drogas; outras cobiçam o dinheiro e o poder; outras ainda consideram o vício de comer, a pornografia ou a imoralidade sexual como tentações irresistíveis.

O inimigo de nossas almas sabe onde a nossa carne é mais fraca e irá colocar tentações em nosso caminho nos pontos em que somos mais vulneráveis. A questão não é se haverá tentações, mas como iremos tratá-las quando elas surgirem. Recomendo orar em meio a elas. Embora a oração talvez não possa impedir um homem de fazer algo que ele esteja decidido a fazer, ela *pode* diminuir as vozes da tentação e fortalecer a sua decisão. Pode preparar o caminho para que ele faça as escolhas certas.

A Bíblia diz que Deus não nos tenta. São os nossos *desejos* que nos atraem para aquilo que nos seduz. São os nossos *desejos* que nos levam a pecar e a introduzir a morte em nossas vidas. Mas "Bem-aventurado o homem que suporta com perseverança a provação; porque, depois de ter sido aprovado, receberá a coroa da vida, a qual o Senhor prometeu aos que o amam" (Tg 1.12). Deus quer que passemos pela tentação porque ele deseja nos abençoar. Mas ele precisa ver se pode confiar na nossa escolha: se enveredamos por seu caminho ou optamos por nossos desejos carnais. Deus sempre nos dará um meio de fuga se quisermos tanto isso a ponto de pedir que nos ajude.

A melhor hora para começar a orar sobre isto é *antes* que algo aconteça. Jesus instruiu os discípulos: "Orai, para que não entreis em tentação" (Lc 22.40). Ele mandou que ficássemos alerta porque "o espírito, na verdade, está pronto, mas a carne é fraca" (Mc 14.38). Se o seu marido tem problemas em certa área, ore para que ele deseje ter parceiros de oração piedosos, com quem possa compartilhar livremente, prestar contas e receber oração. A confissão franca diante de Deus e de outros crentes faz mais para diminuir o poder do tentador do que qualquer outra coisa. Infelizmente, muitos homens são reservados em revelar o que os tenta mais e fecham então a porta exatamente ao que poderia protegê-los.

Se depois de toda a sua oração seu marido ainda cair nas mãos da tentação, não culpe a si mesma. A decisão final é dele. Ele escolheu andar na carne e não no Espírito. "Andai no Espírito e jamais satisfareis à concupiscência da carne. Porque a carne milita contra o Espírito, e o Espírito contra a carne, porque são opostos entre si; para que não façais o que porventura seja do vosso querer" (Gl 5.16,17). Não deixe de orar por ele. Por mais que as coisas pareçam desesperadoras quando você o vê ceder repetidamente à tentação, saiba que Deus proveu um meio de fuga e você pode ser o instrumento que ele vai usar para ajudar seu marido a encontrar esse instrumento. Se não houver problema de tentação no seu casamento, seja agradecida e ore para que continue assim.

Oração

Senhor, peço-lhe que dê forças a meu marido para resistir às tentações que se interpuserem em seu caminho. Tire isso de sua mente antes que possa atingir seu coração ou transformar-se numa experiência pessoal. Não o deixe cair em tentação, mas livre-o do mal como o adultério, a pornografia, as drogas, o álcool, a gula, o jogo e a perversão. Afaste a tentação especialmente na área de (<u>especifique a tentação</u>). Fortaleça-o em sua fraqueza. Ajude-o a manter-se erguido como uma fortaleza. Que ele possa dizer: "Não porei coisa alguma injusta diante dos meus olhos; aborreço o proceder dos que se desviam; nada disto se me pegará" (Sl 101.3).

Ó Deus, o Senhor disse: "Como cidade derribada, que não tem muros, assim é o homem que não tem domínio próprio" (Pv 25.28). Oro para que (nome do marido) não se deixe levar pelo poder do mal, mas submeta-se ao poder de Deus. Mantenha um muro de proteção ao redor dele, encha-o com seu Santo Espírito e guarde-o de tudo o que não vier do Senhor. Ajude-o a cuidar de si mesmo e ter autocontrole para resistir a qualquer coisa ou pessoa que venha a tornar-se uma tentação. Possa ele "detestar o mal, apegando-se ao bem" (Rm 12.9). Oro para que ele abomine situações de tentação. Dê-lhe coragem para rejeitá-las. Ensine-o a caminhar no Espírito assim como a não cair na tentação da carne.

Instrumentos de Poder

Ninguém, ao ser tentado, diga:
Sou tentado por Deus; porque Deus não pode ser
tentado pelo mal, e ele mesmo a ninguém tenta.
Ao contrário, cada um é tentado pela sua própria
cobiça, quando esta o atrai e seduz. Então a cobiça,
depois de haver concebido, dá à luz o pecado; e o
pecado, uma vez consumado, gera a morte.
Tg 1.13-15

Não vos sobreveio tentação que não fosse humana;
mas Deus é fiel, e não permitirá que sejais
tentados além das vossas forças; pelo contrário,
justamente com a tentação, vos proverá
livramento, de sorte que a possais suportar.
1 Co 10.13

Andemos dignamente, como em pleno dia,
não em orgias e bebedices, não em impudicícias
e dissoluções, não em contendas e ciúmes;

mas revesti-vos do Senhor Jesus Cristo,
e nada disponhais para a carne, no tocante
a suas concupiscências.
Rm 13.13-14

Ora, os que querem ficar ricos caem em tentações
e ciladas, e em muitas concupiscências
insensatas e perniciosas, as quais afogam os
homens na ruína e perdição.
1 Tm 6.9

Ora, as obras da carne são conhecidas, e são:
prostituição, impureza, lascívia, idolatria,
feitiçarias, inimizades, porfias, ciúmes, iras,
discórdias, dissenções, facções, invejas, bebedices,
glutonarias e coisas semelhantes a estas,
a respeito das quais eu vos declaro, como já
outrora vos preveni, que não herdarão o reino
de Deus os que tais coisas praticam.
Gl 5.19-21

Capítulo Sete
Sua Mente

E u costumava atribuir os conflitos interiores de meu marido ao seu gênio musical. Você conhece o temperamento artístico – animado e brilhante de um lado, misterioso e caprichoso de outro. Quando ficava deprimido, ele acreditava que iria falhar, que não valia nada, que era incapaz de fazer o que precisava. Esses pensamentos não correspondiam à realidade, porque ele os tinha mesmo em meio ao seu trabalho mais produtivo e bem-sucedido.

Levei muito tempo para perceber que as batalhas internas com as quais ele sofria não deviam ser ignoradas com um simples: "esse é o jeito dele". Meu marido também não precisava lutar sozinho. Se eu e ele éramos um, qualquer ataque à sua mente era também um ataque à minha. Eu podia tomar posição junto dele na batalha, declarando: "Isto não é Deus falando na vida de meu marido, mas a voz do inimigo. Não vou ficar de lado e observar jogos mortais sendo travados na sua mente e em nossas vidas".

Decidi fazer uma experiência pessoal e "ficar firme contra as ciladas do diabo" e ao lado de meu marido (Ef 6.11). Afinal de contas, a Bíblia fala de orar "com toda oração e súplica, orando em todo tempo no Espírito, e para isto vigiando com toda perseverança e súplica por todos os santos" (Ef 6.18). É claro que "todos os santos" é uma categoria – ainda que não uma descrição – que inclui meu marido.

Enquanto nos meses seguintes eu perseverava em oração por ele, fiquei surpresa com os resultados. Ele não só conseguiu controlar melhor seus pensamentos, como acabei também percebendo quando o ataque estava para vir, combatendo-o em oração antes que ele ganhasse terreno. Quanto mais ele viu minhas orações respondidas, tanto mais compreendeu de onde vinham as mentiras e ficou menos disposto a crer nelas.

Viajando pelo país fazendo palestras, pude conversar com mulheres de todas as camadas sociais e fiquei admirada ao ver como este problema é universal. De fato, qualquer que fosse o temperamento ou ambiente de seus maridos, eles experimentavam o mesmo tipo de problema. Compreendi finalmente que todos os homens têm um inimigo que está empenhado em destruir o que Deus quer fazer em suas vidas.

As mulheres enfrentam o mesmo inimigo, mas os homens parecem mais vulneráveis aos seus ataques em determinadas áreas. Até o homem mais forte pode ficar exausto, subjugado, desesperado ou envolvido em coisas que o afastam da presença de Deus. Ele nem sempre vê as armadilhas de um inimigo que deseja fazê-lo crer que as suas dificuldades são insuperáveis. A mente do homem se enche de palavras como "inútil", "não presto", "fracasso", "impossível", "tudo acabado" e "por que tentar?" A esposa pode orar para que o marido perceba as mentiras e ouça, em vez delas, palavras como "esperança", "prosperidade", "possibilidade", "sucesso" e "recomeço", e saiba que elas vêm de Deus.

As duas armas mais poderosas contra essas mentiras incutidas na mente de seu marido são a *Palavra de Deus* e o *louvor.* "Porque a palavra de Deus é viva e eficaz, e mais cortante do que qualquer espada de dois gumes, e penetra até ao ponto de dividir alma e espírito, juntas e medulas, e apta para *discernir os pensamentos e propósitos do coração"* (Hb 4.12). Mediante a Palavra de Deus, você poderá revelar pensamentos errôneos, fazendo-os perder seu poder. Se o seu marido não fizer isso por si mesmo, você poderá interceder por ele através da Palavra, seja na sua presença ou sozinha em oração, e ver resultados positivos. Fiz isso inúmeras vezes por meu marido e ele pode testemunhar o poder da Palavra. Eu o lembro de que Deus não lhe deu espírito de covardia, mas de poder, de amor e de moderação (2 Tm 1.7). Eu lhe digo que estou orando por ele e reivindicando essa mente sadia, essa moderação, em todo o tempo.

O louvor é também um instrumento poderoso porque a presença de Deus vem habitar em nosso meio quando nós o adoramos. Na sua presença encontramos cura e transformação para as nossas vidas. "Porquanto, tendo conhecimento de Deus, não o glorificaram como Deus, nem lhe deram graças, antes se tornaram nulos em seus próprios raciocínios, obscurecendo-se-lhes o coração insensato" (Rm 1.21). Você não quer que pensamentos fúteis obscureçam o coração de seu marido. Dê louvores a Deus pela mente sadia dele e ele poderá então pensar mais claramente sobre o que vai ou não permitir que entre nela.

Depressão, amargura, ira, medo, rejeição, desesperança, solidão, rebelião, tentação, maldade e muitas outras doenças começam todas na mente. Essas coisas podem controlar a sua vida a não ser que você controle primeiro a sua mente. É por isso que Deus nos ensina a não aceitar como verdade tudo o que pensamos. "Estendi as minhas mãos todo dia a um povo rebelde, que anda por caminho que não é bom, seguindo os seus próprios pensamentos" (Is 65.2). Deus quer que compartilhemos seus pensamentos. "Nós (os que cremos), porém, temos a mente de Cristo" (1 Co 2.16). Vamos orar para que nossos maridos recebam a mente de Cristo e mantenham todo pensamento sob o controle de Deus. Quem não precisa disso?

Oração

Senhor, oro para que proteja a mente de meu marido. Guarde-o das mentiras do inimigo. Ajude-o a discernir claramente a voz do Senhor de outra qualquer e mostre-lhe como levar cada pensamento cativo como nos instruiu a fazer. Que ele possa ansiar pela sua Palavra e ter fome da sua verdade, a fim de reconhecer os pensamentos errôneos. Dê-lhe forças para resistir às mentiras. Lembre-o de que ele tem a mente de Cristo. Onde as mentiras do inimigo já invadiram os seus pensamentos, eu as expulso e convido o poder do Espírito Santo para purificar a sua mente. Ó Deus, o Senhor me deu autoridade "sobre todo o poder do inimigo" (Lc 10.19). Por essa autoridade que me foi dada em Jesus Cristo, ordeno que todos os agentes mentirosos se afastem da mente de meu marido. Proclamo que Deus deu a (nome do marido) uma mente sadia. Ele não se manterá confuso, mas viverá na claridade. Ele não será atormentado por pensamentos impuros, maus, negativos ou pecaminosos, mas será transformado pela renovação da sua mente, para que possa experimentar qual seja a boa, agradável e perfeita vontade de Deus (Rm 12.2).

Capacite-o a ser "fortalecido no Senhor e na força do seu poder" (Ef 6.10). Ajude-o a não andar ansioso por coisa alguma; em tudo, porém, sejam conhecidas diante de Deus as suas petições, pela oração e pela súplica, com ações de graça. E a paz de Deus, que excede todo o entendimento, guardará o seu coração e a sua mente em Cristo Jesus (Fp 4.6,7). E, finalmente, tudo o que é verdadeiro, tudo o que é respeitável, tudo o que é justo, tudo o que é puro, tudo o que é amável, tudo o que é de boa fama, se alguma virtude há e se algum louvor existe, seja isso o que ocupe o seu pensamento (Fp 4.8).

Instrumentos de Poder

Porque, embora andando na carne, não militamos
segundo a carne. Porque as armas da nossa milícia
não são carnais, e, sim, poderosas em Deus,
para destruir fortalezas, anulando sofismas e
toda altivez que se levante contra o
conhecimento de Deus, levando cativo todo
pensamento à obediência de Cristo.
2 Co 10.3-5

Porque o pendor da carne dá para a morte,
mas o do Espírito, para a vida e paz.
Rm 8.6

Mas vejo nos meus membros outra lei que,
guerreando contra a lei da minha mente,
me faz prisioneiro da lei do pecado que
está nos meus membros.
Rm 7.23

... Eu, de mim mesmo, com a mente sou
escravo da lei de Deus, mas, segundo
a carne, da lei do pecado.
Rm 7.25

Amarás, pois, o Senhor teu Deus de todo
o teu coração, de toda a tua alma, de todo o teu
entendimento e de toda a tua força.
Mc 12.30

Capítulo Oito
Seus Medos

Há muitas coisas neste mundo que nos amedrontam; só um tolo diria o contrário. Mas, quando o medo nos avassala, atormentando e reinando em nossas vidas, é porque nos deixamos escravizar por ele. Os homens são muito suscetíveis a isso porque, sem sequer perceber, eles são atacados pelas dúvidas (e se?...). "E se eu não conseguir ganhar dinheiro suficiente?" "E se algo terrível acontecer à minha mulher e aos meus filhos?" "E se meu negócio falhar?" "E se eu não conseguir ser um bom pai?" "E se ficar aleijado e não puder sustentar a família?" "E se for atacado ou ameaçado?" "E se não puder ter um bom desempenho sexual?" "E se ninguém me respeitar?" "E se sofrer um acidente?" "E se eu morrer?" O medo pode apossar-se do homem (Sl 48.6) e fazer com que desperdice a sua vida (Sl 78.33). Se estiver "possuído de grande medo" (Lc 8.37), isto pode impedir que receba tudo o que Deus tem para ele.

No segundo ano de nosso casamento, Michael e eu fizemos uma viagem para a Itália, Grécia e Israel com nosso pas-

tor, Jack Hayford, e sua mulher, Anna, junto com várias pessoas de nossa igreja. Michael sempre fora um viajante ansioso e, portanto, quando chegamos à Grécia ele já estava estressado. Certa noite, depois de alguns dias exaustivos, ele disse:
— Isso é de mais para mim, não posso continuar a viagem.
— Do que exatamente você tem medo? — perguntei.
— Não sei bem — respondeu ele — Mas parece que tudo em minha vida vai descontrolar-se completamente se eu não for para casa agora mesmo.

Embora já fosse tarde, telefonei para o quarto do pastor Jack e lhe contei que partiríamos pela manhã. Tenho certeza de que ele já deveria estar deitado, mas disse: — Vou até aí imediatamente.

Ele foi ao nosso quarto e Michael lhe contou o que estava sentindo. Compassivo, o pastor pôs o braço em seu ombro e falou do amor que o Pai celestial tinha por ele.
— Deus adotou você como seu filho — disse ele. — Quando se está na presença de um Pai forte e amoroso, não há do que temer.

O pastor orou para que Michael percebesse claramente o amor do seu Pai celestial, demonstrando um amor paternal por ele. Por causa disso, meu marido conseguiu superar o seu medo e continuamos com o grupo até o fim da viagem. Foi muito bom que tivéssemos feito isso. Fiquei grávida em Jerusalém e nove meses depois nosso filho, Christopher, nasceu no dia do aniversário do Pastor Jack. Coisas significativas acontecem em nossas vidas quando não permitimos que o medo controle as coisas.

Há uma diferença entre um pensamento amedrontador que vem à nossa mente como um incentivo para orarmos por algo em particular e um espírito perturbador de medo que paralisa. Você não quer enfraquecer os incentivos do Espírito Santo no coração do seu marido, mas quer apoiá-lo enquanto ele luta com o medo destrutivo. Jesus disse: "Eu, porém, vos mostrarei a quem deveis temer: Temei aquele que, depois de matar, tem poder para lançar no inferno. Sim, digo-vos, a esse deveis temer" (Lc 12.5). O único tipo de medo que devemos ter é o temor do Senhor.

Quando você teme o Senhor, Deus promete livrá-lo dos seus inimigos (2 Rs 17.39), protegê-lo do mal (Pv 16.6), manter os seus olhos em você (Sl 33.18), mostrar-lhe a sua misericórdia (Lc 1.50), dar-lhe riquezas e honra (Pv 22.4), suprir todas suas necessidades (Sl 34.9), revelar tudo o que precisa saber (Sl 25.14), abençoar seus filhos e netos (Sl 103.17), dar-lhe confiança (Pv 14.26), uma vida satisfatória (Pv 19.23), longevidade (Pv 10.27) e os desejos do seu coração (Sl 145.19). O que mais você poderia desejar? Ore para que o amor consolador, seguro e perfeito do Senhor rodeie seu marido e o livre de todos os seus medos.

Oração

Senhor, a sua Palavra diz: "No amor não existe medo; antes, o perfeito amor lança fora o medo. Ora, o medo produz tormento; logo, aquele que teme não é aperfeiçoado no amor" (1 Jo 4.18). Oro para que o Senhor aperfeiçoe meu marido no amor a Deus, a fim de que o medo que atormenta não venha a atingi-lo. Sei que ele não recebeu um espírito de medo. O Senhor lhe deu poder, amor e moderação (2 Tm 1.7). Oro em nome de Jesus, pedindo que o medo não controle meu marido. Em vez disso, que a sua Palavra penetre em cada parte do seu ser, convencendo-o de que o seu amor por ele é muito maior do que qualquer coisa que possa ter de enfrentar e que nada pode separá-lo desse amor.

Oro para que ele o reconheça como um Pai, cujo amor é inesgotável e em cuja presença nada há que temer. Livre-o hoje do medo que destrói substituindo-o pelo temor piedoso (Jr 32.40). Ensine-lhe o seu caminho, ó Senhor. Ajude-o a andar na sua verdade. Disponha o coração dele para temer o nome do Senhor (Sl 86.11). Que ele não tenha medo dos homens, mas se levante e diga corajosamente: "O Senhor é o meu auxílio, não temerei; que me poderá fazer o homem?" (Hb 13.6) "Como é grande a tua bondade, que reservaste aos que te temem" (Sl 31.19). Digo a você (nome do marido): "Sede fortes, não temais. Eis o vosso Deus. A vingança vem, a retribuição de Deus; ele vem e vos salvará" (Is 35.4). "Serás estabelecido em justiça longe da opressão, porque já não temerás" (Is 54.14). "Não te assustarás do terror noturno, nem da seta que voa de dia, nem da peste que se propaga nas trevas, nem da mortandade que assola ao meio-dia" (Sl 91.5,6). Que o Espírito do Senhor repouse sobre você, "o Espírito de sabedoria e de entendimento, o Espírito de conselho e de fortaleza, o Espírito de conhecimento e de temor do Senhor" (Is 11.2).

Instrumentos de Poder
O anjo do Senhor acampa-se ao redor dos
que o temem, e os livra.
Sl 34.7

Busquei o Senhor e ele me acolheu; livrou-me de todos
os meus temores.
Sl 34.4

Ainda que eu ande pelo vale da sombra da morte,
não temerei mal nenhum, porque tu estás comigo;
a tua vara e o teu cajado me consolam.
Sl 23.4

Não temas, porque eu sou contigo; não te assombres,
porque eu sou o teu Deus; eu te fortaleço,
e te ajudo, e te sustento com a minha destra fiel.
Is 41.10

O Senhor é a minha luz e a minha salvação;
de quem terei medo?
Sl 27.1

Capítulo Nove
Seu Propósito

Todos têm um propósito. Essa é a razão da nossa existência. É a missão, objetivo ou plano da nossa vida. De modo geral, estamos aqui para glorificar a Deus e fazer a sua vontade. Isso é traduzido para a vida de cada um de nós de maneira singular. Seu marido precisa saber a razão por que *ele* existe; precisa estar seguro de que a sua vida não é apenas um acidente, mas que está aqui com um desígnio. É preciso que saiba que foi criado com um grande propósito. Quando ele descobrir esse propósito e estiver fazendo e tornando-se o que foi criado para fazer e ser, se sentirá realizado. Isto irá contribuir também para a *sua* felicidade.

Se aprendi alguma coisa depois de duas décadas e meia de casamento, é que a mulher não pode fazer pressão sobre o marido para que ele seja algo, mas pode orar para que ele se torne aquilo que ela deseja; para que seja moldado segundo o plano de Deus e não o de outra pessoa. Sua transformação, portanto, estará condicionada ao fato de ele ter ou não ouvido o chamado de Deus. Pois o Senhor "nos salvou e nos chamou com santa vocação; não segundo as nossas obras, mas conforme a sua própria determinação e graça que nos foi dada em Cristo Jesus antes dos tempos eternos" (2 Tm 1.9). Seu marido é "predestinado segundo o propósito daquele que faz todas as coisas conforme o conselho da sua vontade" (Ef 1.11). Mas você terá de orar para que ele ouça o chamado de Deus, de modo que quem ele é e o que faz fique dentro do propósito do Senhor para a sua vida.

É sempre possível observar quando o indivíduo não está andando segundo o propósito para o qual Deus o criou. Você sente a inquietação dele. Sente que algo não está certo, mesmo que não possa perceber o que há de errado. Quando ficamos perto de um homem que está cumprindo o seu chamado e fazendo o que ele foi criado para fazer, sentimos a sua orientação interior, sua confiança e profunda segurança. Como você se sente relativamente à atitude que seu marido tem adotado perante a própria vida? Sente falta de paz porque ele está num caminho que não traz realização, que o deprime ou não o leva a lugar algum? Se for assim, então ore: "Senhor, tire meu marido deste lugar, revele a ele o que o chamou para ser e abra as portas para o que ele deve fazer".

Orar desse modo não significa que seu marido será arrancado do que está fazendo e atirado em outra coisa qualquer. *Pode* acontecer desse modo; mas, no geral, o que ocorre é uma mudança na perspectiva do homem. Tenho um amigo chamado Davi, que trabalhou durante anos numa fábrica, construindo aviões. Quando ele ouviu o chamado de Deus em sua vida, soube que devia ajudar adolescentes perturbados em famílias de baixa renda. Soube também que não devia deixar o emprego para isso. Depois de alguma reflexão, ele viu que o seu trabalho lhe dava o suficiente para sustentar a família e também o número exato de horas de que precisava para cumprir a sua missão. Ele organizou a distribuição de alimentos para famílias necessitadas, concertos musicais gratuitos para jovens carentes, evangelização para os não-salvos e palestras de reconciliação entre gangues rivais. Ele tem feito mais para promover a restauração em sua cidade perturbada por conflitos do que qualquer outro homem poderia fazer. Não se trata de modo algum de um trabalho fácil, mas faz com que se sinta realizado. Ele tem um sentido de propósito que é percebido por quem quer que esteja em sua companhia. Davi não é um homem grande fisicamente, mas é um gigante espiritual e você se dá conta disso quando está perto dele. Sua esposa, Priscilla, ouve também o chamado de Deus na vida dele e apóia o marido ao máximo.

O que quer que Deus tenha chamado seu marido para fazer, ele também chamou você para apoiá-lo e participar do seu plano, mesmo que seja só orando, encorajando e ajudando de todas as maneiras possíveis. Para algumas mulheres, isso significa criar um bom ambiente familiar, educar os filhos, estar sempre à disposição dele quando necessário e oferecer apoio em oração. Outras mulheres podem tomar parte ativa, tornando-se sócias ou auxiliares. Nos dois casos, Deus não pede que você negue a sua personalidade para isso. O Senhor tem igualmente um chamado para você, o qual, porém, irá se ajustar ao chamado de seu marido e não opor-se a ele. Deus não promove confusão, conflito ou situações incontroláveis. Ele é o Deus das oportunidades perfeitas. Há tempo para tudo, a Bíblia diz. As oportunidades para cumprir o que Deus chamou *cada* um de vocês para fazer serão perfeitas, se forem submetidas a ele.

Se o seu marido já estiver dentro do propósito para o qual o Senhor o chamou, você pode contar que o inimigo da sua alma irá lançar dúvidas – especialmente se ele ainda não viu nada que se aproxime do que foi idealizado ou não tenha alcançado o sucesso que previra. As suas orações podem ajudar a afastar o desânimo e impedir que seu marido seja dominado por ele. Suas orações podem ajudar seu marido a ouvir e a depender da revelação de Deus. Suas orações podem fazer com que ele viva a sua vida com propósito.

Oração

Senhor, oro para que (nome do marido) ouça claramente o seu chamado para a sua vida. Ajude-o a compreender quem ele é em Cristo e dê-lhe a certeza de que foi criado para um propósito elevado. Que os olhos do seu coração sejam iluminados, para que saiba qual é a esperança do seu chamamento (Ef 1.18).

Ó Deus, quando o Senhor nos chama, também nos capacita. Capacite-o então a andar de modo digno do seu chamado e a tornar-se o homem de Deus que o Senhor criou para ser. Continue a lembrá-lo do seu chamado e não permita que ele se desvie devido a coisas não-essenciais para o seu propósito. Afaste o desânimo, para que este não o derrote. Eleve seus olhos acima das circunstâncias do momento, a fim de que veja o propósito para o qual foi criado. Dê-lhe paciência para esperar a sua oportunidade perfeita. Oro para que os desejos do coração dele não entrem em conflito com os desejos do Senhor. Que meu marido possa buscá-lo para que o Senhor o guie e ouvir quando o Senhor falar à sua alma.

Instrumentos de Poder

Cada um tem de Deus o seu próprio dom; um, na
verdade, de um modo, outro de outro.
1 Co 7.7

Ande cada um segundo o Senhor lhe tem distribuído,
cada um conforme Deus o tem chamado.
1 Co 7.17

Por isso também não cessamos de orar por vós,
para que o nosso Deus vos torne dignos
da sua vocação, e cumpra com poder todo
propósito de bondade e obra de fé.
2 Ts 1.11

O Deus de nosso Senhor Jesus Cristo,
o Pai da glória, vos conceda espírito de sabedoria
e de revelação no pleno conhecimento dele,
iluminados os olhos do vosso coração, para saberdes
qual é a esperança do seu chamamento,
qual a riqueza da glória da sua herança nos santos,
e qual a suprema grandeza do seu poder
para com os que cremos, segundo a eficácia
da força do seu poder.
Ef 1.17-19

Conceda-te segundo o teu coração,
e realize todos os teus desígnios.
Sl 20.4

Capítulo Dez
Suas Escolhas

M eu marido entrou num negócio e só me contou depois que as coisas já estavam em andamento. A partir do momento em que soube do fato, comecei a sentir-me inquieta. Achei que a idéia era ótima e a visão dele a respeito, excelente, porém não podia fugir da nítida falta de paz que sentia no íntimo. No entanto, quanto mais eu orava, mais forte era a minha sensação. Quando lhe mencionei minha inquietação, meu marido respondeu na defensiva: — Você não confia em que eu tome a decisão certa. — Ele deixou claro que aquilo era algo que desejava e não estava disposto a ouvir qualquer opinião contrária.

O único recurso que me restou foi orar, e fiz isso. Disse diversas vezes a Deus: "Mostre-me se estiver errada. Gostaria que desse certo porque a idéia é boa. Mas, se o que estou sentindo for verdade, torne isso claro para ele e em tempo de deter o processo. Mostre-lhe a verdade e feche a porta".

Na última hora, no momento em que os contratos iam ser assinados, os olhos de Michael subitamente se abriram para vários incidentes que o fizeram duvidar das verdadeiras intenções das outras partes envolvidas. Deus revelou-lhe tudo e o negócio foi desfeito. Embora fosse difícil para ele aceitar isso na ocasião, meu marido sente-se grato por ter sido poupado de muitos aborrecimentos.

Algum tempo depois, enquanto escrevia este livro, perguntei-lhe o que ele considerava mais importante em minhas orações por ele. Uma das coisas que mencionou foi que elas o ajudavam a tomar boas decisões. — Quando decisões importantes tinham de ser tomadas e certas coisas me foram oferecidas, as suas orações abriram meus olhos e me impediram de fechar contratos que me prejudicariam — explicou ele.

Temos de lembrar que todos os homens pensam que estão fazendo a coisa certa. "Todo caminho do homem é reto aos seus próprios olhos" (Pv 21.2). Mas Deus é o único que pode dar verdadeiro discernimento. Ele pode dar-nos sabedoria quando pedimos. A sabedoria traz o sucesso (Ec 10.10) e nos habilita a aprender pela experiência (Pv 15.31). Queremos que nossos maridos sejam sábios.

O oposto do sábio é o insensato. A Bíblia descreve um insensato como alguém que "confia no seu próprio coração" (Pv 28.26). Ele despreza a sabedoria (Pv 23.9). Só quer falar e não ouvir (Pv 18.2). Em outras palavras, você não pode dizer-lhe nada. Ele é briguento (Pv 20.3) e fica irado e arrogante quando você tenta arrazoar com ele (Pv 14.16). O insensato é alguém incapaz de pesar bem as conseqüências de seus atos. Como resultado, ele não faz escolhas sábias. Se você tiver um marido assim, ore para que ele receba sabedoria.

Se o seu marido não for um perfeito insensato, porém age às vezes como se fosse, não tente corrigi-lo. Deus é o único que pode fazer isso. O seu trabalho é amá-lo e orar por ele. A Bíblia diz: "O temor do Senhor é o princípio da sabedoria, e o conhecimento do Santo é prudência" (Pv 9.10). Isto significa que você começa orando para que o temor do Senhor tome conta dele. Depois, ore para que ele tenha bons conselheiros:

"Bem-aventurado o homem que não anda no conselho dos ímpios" (Sl 1.1). Se continuar orando para que seu marido tenha sabedoria e receba conselhos piedosos, mesmo que ele tome uma decisão errada, você poderá sentir-se tranqüila em saber que fez a sua parte e Deus extrairá o bem de tudo isso. Grande parte de nossas vidas é afetada pelas decisões que nossos maridos tomam. Devemos ser sábias e orar para que suas decisões sejam boas.

Oração

Senhor, encha meu marido com o temor do Senhor e dê-lhe sabedoria para cada decisão que tomar. Que ele reverencie ao Senhor e aos seus caminhos e busque conhecer a sua verdade. Dê-lhe discernimento para tomar decisões baseado na sua revelação. Ajude-o a fazer boas escolhas e impeça que faça algo insensato. Tire a insensatez do seu coração e capacite-o a reconhecer rapidamente o erro e a evitá-lo. Abra seus olhos para ver claramente as conseqüências de qualquer atitude que pretenda tomar.

Oro para que ele ouça os conselhos piedosos e não se recuse a aprender . Dê-lhe forças para rejeitar o conselho dos ímpios e ouça o conselho do Senhor acima de todos. Declaro que embora haja "Muitos propósitos no coração do homem, o desígnio do Senhor permanecerá" (Pv 19.21). Ensine-o mesmo enquanto dorme (Sl 16.7) e, pela manhã, oro para que ele faça o que é certo em vez de seguir as inclinações da sua própria carne. Sei que a sabedoria deste mundo é loucura para o Senhor (1 Co 3.19). Que ele então não a aceite, mas mantenha os olhos no Senhor e tenha ouvidos para ouvir a sua voz.

Instrumentos de Poder

Ouça o sábio e cresça em prudência;
e o entendido adquira habilidade.

Pv 1.5

Não sejas sábio aos teus próprios olhos:
teme ao Senhor e aparta-te do mal.
Pv 3.7

O temor do Senhor é o princípio do saber,
mas os loucos desprezam a sabedoria e o ensino.
Pv 1.7

Então me invocarão, mas eu não responderei;
procurar-me-ão, porém não me hão de achar.
Porquanto aborreceram o conhecimento
e não preferiram o temor do Senhor;
não quiseram o meu conselho e
desprezaram toda minha repreensão.
Pv 1.28-30

O homem que se desvia do caminho do entendimento,
na congregação dos mortos repousará.
Pv 21.16

Capítulo Onze
Sua Saúde

Durante anos meu marido não se preocupou com exercícios. Eu fazia preleções, mantinha sérias conversas sobre o assunto, fornecia-lhe artigos de revistas, suplicava e implorava, dizendo que não queria tornar-me viúva, mas ele permanecia em atitude apática e de total indiferença. Certo dia, porém, tive uma brilhante idéia: se a oração funcionava para outras partes da sua vida, ela poderia dar certo também para esta. Decidi empregar meu método "cale-se e ore" e pedir a Deus que lhe desse o desejo e a motivação para exercitar-se regularmente.

Orei durante vários meses sem quaisquer resultados, mas então certa manhã ouvi um ruído desconhecido vindo de outro quarto. Segui o som e, para grande espanto meu, era meu marido na esteira. Eu não disse palavra. Ele vem usando a esteira e levantando pesos cerca de três dias por semana desde então. Quando mais tarde comentou que se sentia muito melhor e que desejaria ter começado a fazer isso antes, contive-me para não pronunciar a frase: "eu lhe disse". Até hoje ele não sabe que orei.

Você não pode tomar como certa a saúde de seu marido, seja qual for sua idade ou condição física. Ore para que ele cuide de si mesmo e, se ficar doente, ore para que seja curado. Já vi muitas respostas a pedidos de cura em minha vida e na vida de outros para duvidar de que o Deus que fez curas na Bíblia é o mesmo ontem, hoje e amanhã. Creio que quando Deus disse: "Eu sou o Senhor que te sara" (Êx 15.26), ele queria dizer exatamente isso. Tenho a mesma fé que Jeremias quando ele orou: "Cura-me, Senhor, e serei curado" (Jr 17.14). Confio na sua Palavra quando ela promete: "Porque te restaurarei a saúde, e curarei as tuas chagas" (Jr 30.17).

Jesus "tomou as nossas enfermidades e carregou com as nossas doenças" (Mt 8.17). Ele deu aos discípulos poder para "curar toda sorte de doenças e enfermidades" (Mt 10.1). Ele afirmou: "Estes sinais hão de acompanhar aqueles que crêem... se impuserem as mãos sobre enfermos, eles ficarão curados" (Mc 16.17,18). A meu ver, Deus parece interessado em curar e não colocou um limite de tempo para isso, apenas um limite de fé (Mt 9.22).

Meu marido me contou que as minhas orações para a sua cura causaram o maior impacto nele em meados dos anos 80, quando descobriu vários caroços em seu corpo que o médico pensou serem cancerígenos. Um segundo médico também suspeitou que fosse câncer e pediu uma biópsia. Durante esses dias de espera dos resultados, Michael foi tentado a se preocupar. Ele disse que minhas orações pela sua saúde e paz o sustentaram até descobrir que não se tratava absolutamente dessa enfermidade. Os caroços foram removidos e nunca mais voltaram.

Lembre-se, porém, de que, embora oremos e tenhamos fé, o resultado e o momento são decisões de Deus. Ele diz que há "tempo de curar" (Ec 3.3). Se você orar pela cura e nada acontecer, não se desespere. Deus algumas vezes usa as doenças do homem para chamar sua atenção, a fim de poder falar com ele. Continue orando, mas saiba que a decisão de Deus é a palavra final.

O mesmo se aplica quando estamos orando para que Deus salve a vida de alguém. Não sabemos quando chegará sua hora. A Bíblia diz que há "tempo de morrer" (Ec 3.2) e não somos nós que decidimos isso, mas Deus. Devemos portanto, aceitar. Podemos orar, mas o Senhor determina o resultado. Temos de dar a ele esse privilégio sem sentir ressentimento ou ira. Ore pela saúde de seu marido, mas deixe-a nas mãos de Deus.

Oração

Senhor, peço-lhe que toque (nome do marido), fazendo que cada parte do seu corpo funcione da maneira como o Senhor designou. Onde houver algo fora de equilíbrio, coloque em perfeita ordem. Cure-o de qualquer enfermidade ou fraqueza. Fortaleça o seu corpo para suportar com sucesso a sua carga de trabalho e, quando dormir, que ele possa acordar com as forças renovadas. Dê-lhe um coração forte, que não falhe. Não desejo que tenha problemas cardíacos em tempo algum.

Oro para que ele se disponha a cuidar do seu corpo, a comer os alimentos que o tornem saudável, a fazer exercícios regulares e evitar tudo o que possa fazer-lhe mal. Ajude-o a compreender que o seu corpo é o templo do Espírito Santo e que deve cuidar dele como tal (1 Co 3.16). Oro para que ele o apresente como sacrifício vivo, santo e agradável ao Senhor (Rm 12.1).

Quando ele ficar doente, oro para que o Senhor o sustente e cure. Encha-o com a sua alegria, fortalecendo-o. Oro especificamente por (mencione qualquer área de preocupação). Dê-lhe a fé para dizer: — "Senhor, meu Deus, clamei a ti por socorro, e tu me saraste" (Sl 30.2). Obrigado, Senhor, por seres para mim aquele que cura. — Oro para que meu marido tenha vida longa e saudável e quando a morte vier, que ela possa ser acompanhada pela paz e não por sofrimento e agonia insuportáveis. Obrigada, ó Deus, porque o Senhor estará lá para recebê-lo na sua presença no momento determinado.

Instrumentos de Poder

Bendize, ó minha alma, ao Senhor, e não te
esqueças de nem um só de seus benefícios.
Ele é quem perdoa todas as tuas iniqüidades;
quem sara todas as tuas enfermidades.
Sl 103.2,3

Então, na sua angústia, clamaram ao Senhor,
e ele os livrou das suas tribulações. Enviou-lhes a sua
palavra e os sarou, e os livrou do que lhes era mortal.
Sl 107.19,20

Ouvi a tua oração, e vi as tuas lágrimas;
eis que eu te curarei.
2 Rs 20.5

Então romperá a tua luz como a alva, a tua cura
brotará sem detença, a tua justiça irá adiante de ti,
e a glória do Senhor será a tua retaguarda.
Is 58.8

Eis que lhe trarei a ela saúde e cura, e os sararei;
e lhes revelarei abundância de paz e segurança.
Jr 33.6

Capítulo Doze

Sua Proteção

Quantas vezes ouvimos histórias de homens que estavam no campo de batalha e, no momento de maior perigo, sentiram um maravilhoso livramento, apenas para saber mais tarde que alguém em casa estava orando naquela mesma hora? Nossos maridos estão no campo de batalha todos os dias. Há perigo em toda parte. Só Deus conhece as armadilhas que o inimigo preparou para produzir acidentes, moléstias, violência e destruição em nossas vidas. Poucos lugares são completamente seguros hoje. Deus disse, porém, que "o perverso espreita ao justo, e procura tirar-lhe a vida. Mas o Senhor não o deixará nas suas mãos" (Sl 37.32,33). Ele promete ser "escudo para os que nele confiam" (Pv 30.5). Ele pode ser até um escudo para alguém por quem oramos, por causa da *nossa* fé.

Sempre orei por meu marido e filhos para que estivessem a salvo enquanto andavam de carro. Porém, certa manhã recebi um telefonema de Michael, pouco depois de ter saído de casa para levar nosso filho mais novo para a escola.

— Acabamos de sofrer um acidente — disse ele — mas o Christopher e eu estamos bem.

Fui imediatamente ao encontro deles, agradecendo a Deus durante todo o caminho por protegê-los como orara durante anos. Quando cheguei e vi o estado do carro, mal podia acreditar. O pequeno carro esporte de Michael, que sempre me causara preocupação, tinha sido abalroado por outro maior e empurrado de encontro a uma barreira de concreto ao lado da estrada. O carrinho ficou tão avariado que a companhia de seguros o considerou como perda total mais tarde.

A única maneira de explicar como nenhum deles se machucara tinha de ser a mão protetora de Deus. Eles sofreram arranhões no peito e nos ombros por causa dos cintos de segurança, mas poderiam ter ficado muito mais feridos ou até morrido. Acredito firmemente que o Senhor respondeu às minhas orações pela proteção da minha família. (Estou ainda esperando que Deus responda as que faço para que meu marido não compre mais carros esportes.)

Meu grupo de oração e eu oramos regularmente para que nossos maridos tenham segurança em aviões, carros, no escritório ou quando andam pela rua. Nem precisamos pensar em perigos específicos, basta pedir ao Senhor que os livre do mal. Deus promete que "aos seus anjos dará ordens a teu respeito, para que te guardem em todos os teus caminhos. Eles te sustentarão nas suas mãos, para não tropeçares nalguma pedra" (Sl 91.11,12). Acidentes ocorrem, no entanto, e quando isso acontece eles são súbitos e inesperados. É por isso que a oração pela proteção de seu marido precisa ser freqüente e contínua. Você nunca sabe quando ela pode ser necessária no campo de batalha. Se algo então acontecer, você terá o consolo de saber que pediu a presença e o poder de Deus em meio a ela.

Oração

Senhor, oro para que proteja (nome do marido) de qualquer acidente, doença, perigo ou más influências. Faça com que ele esteja a salvo, especialmente em carros e aviões. Esconda-o da violência e dos planos de pessoas maldosas. Onde quer que ande, que esteja em segurança. Mantenha-o nos caminhos do Senhor, para que seus pés não vacilem (Sl 17.5). Se escorregarem, ponha-o de pé pela sua misericórdia (Sl 94.18). Dê-lhe sabedoria e discrição que o ajudem a andar com segurança e a não cair em perigo (Pv 3.21-23). Seja a sua fortaleza, força, escudo e baluarte (Sl 18.2,3). Faça com que ele habite na sombra das suas asas (Sl 91.1,2). Seja a sua rocha salvação e defesa, para que ele não seja abalado ou sacudido (Sl 62.6). Embora coisas más possam acontecer ao redor dele, oro para que elas não o atinjam (Sl 91.7). Salve-o de quaisquer planos do inimigo que visem destruir a sua vida (Sl 103.4). Preserve as suas saídas e entradas desde agora e para sempre (Sl 121.8).

Instrumentos de Poder
O que habita no esconderijo do Altíssimo,
e descansa à sombra do Onipotente,
diz ao Senhor: Meu refúgio e meu baluarte,
Deus meu, em quem confio.
Sl 91.1,2

Pois no dia da adversidade ele me ocultará no seu
pavilhão; no recôndito do seu tabernáculo
me acolherá; elevar-me-á sobre uma rocha.
Sl 27.5

Ainda que eu ande pelo vale da sombra da morte,
não temerei mal nenhum, porque tu estás comigo:
a tua vara e o teu cajado me consolam.
Sl 23.4

O Senhor é a minha rocha, a minha cidadela,
o meu libertador; o meu Deus, o meu rochedo
em que me refugio; o meu escudo,

a força da minha salvação, o meu baluarte.
Invoco o Senhor, digno de ser louvado,
e serei salvo dos meus inimigos.
Sl 18.2,3

Mostra as maravilhas da tua bondade,
ó Salvador dos que à tua destra buscam refúgio,
dos que se levantam contra eles.
Guarda-me como a menina dos olhos,
esconde-me, à sombra das tuas asas.
Sl 17.7,8

Capítulo Treze

Suas Provações

Todos passam por tempos difíceis. Não há nada do que se envergonhar. Algumas vezes nossas orações nos ajudam a evitá-los. Outras não. O mais importante é a nossa atitude quando os enfrentamos. Se ficarmos cheios de ira e amargura, ou insistirmos em nos queixar e culpar a Deus, as coisas quase sempre acabam mal. Se os atravessarmos com ações de graça e louvor a Deus, ele nos promete coisas boas apesar dos problemas. O Senhor diz: "Tende por motivo de toda a alegria o passardes por várias provações, sabendo que a provação da vossa fé, uma vez confirmada, produz perseverança" (Tg 1.2,3).

As orações da esposa em favor do marido durante as crises podem não mudar algumas das circunstâncias pelas quais ele tem de passar. Afinal de contas, se nunca sofrêssemos nada, que tipo de pessoa superficial, sem compaixão, impaciente seríamos? Mas a oração pode ajudá-lo a manter uma perspectiva positiva de gratidão, esperança, paciência e paz em meio às dificuldades e impedir que ele receba o castigo por uma reação negativa.

Minha amiga, Joana, viu seu marido, Diogo, à beira da morte como resultado da picada de uma aranha venenosa. Foi uma época terrivelmente difícil para ambos e a provação durou mais de um ano, enquanto ele lutava para curar-se de cada novo problema físico provocado pela doença. Além disso tudo, eles tinham acabado de mudar-se para outro estado, longe da família, dos amigos e da igreja, e sofreram financeiramente por causa das enormes contas médicas. Havia todo motivo para ficarem zangados e amargos, mas eles nunca deixaram de orar, louvando a Deus e dele dependendo como fonte de consolo.

Em meio a incontáveis temores e lágrimas, Joana orou fervorosamente para que Diogo não ficasse desanimado diante da batalha, mas se mantivesse firme apesar dela. Deus os sustentou. Diogo recuperou-se e eles se tornaram duas das pessoas mais ricas no Senhor que se poderia encontrar. E não só isso, seus três filhos são cristãos firmes, que usam seu grande talento para dar glória a Deus. Diogo tornou-se ministro de música numa igreja em que ele e Joana desenvolvem agora um ministério muito bem-sucedido. Suas vidas são um testemunho da bondade do Senhor e creio que a maneira como cada um passou por essa provação tem muito a ver com a situação de que gozam hoje.

Quer tenhamos ou não disposição para isso, quando servimos a Deus, o seu amor está presente em cada momento da nossa vida – mesmo nos mais difíceis, solitários, dolorosos e desesperados. Ele está sempre ali em nosso meio, trabalhando as coisas para o bem, quando oramos e esperamos isso dele. "Sabemos que todas as coisas cooperam para o bem daqueles que amam a Deus, daqueles que são chamados segundo o seu propósito" (Rm 8.28). Seu propósito para as nossas provações é quase sempre levar-nos à sua presença, com toda humildade, a fim de experimentarmos um quebrantamento em nosso "eu" interior independente, auto-suficiente, e fazer de nós pessoas compassivas, pacientes, espiritualmente fortes, que glorificam a Deus. Ele usa essas situações para ensinar-nos a confiar em seu amor e cuidado para fazer-nos atravessar os tempos difíceis.

Não consigo pensar em nenhuma provação que meu marido e eu passamos que não nos fizesse crescer mais nas coisas de Deus, apesar de ter sido terrível suportá-la na ocasião e de não sabermos onde tudo ia acabar. Mas, à medida que orávamos em meio a cada provação, descobrimos a nossa fé crescendo e nosso andar com Deus se firmando. Quando as nossas atitudes eram certas, era certo também o nosso amor um pelo outro.

Se o seu marido estiver passando um período difícil, leve-o a Deus em oração, mas não carregue o fardo. Embora possa desejar fazê-lo, não tente tirar o peso dele e torná-lo seu. Isso o fará sentir-se fraco ou fracassado. Deus também não quer que você faça o trabalho dele. Ele não quer que você tente ser o Espírito Santo para seu marido. Você talvez sofra ao vê-lo lutando e deseje ajudar, mas não pode. Você pode orar, encorajar e apoiar, mas Deus usa as provações para o seu propósito e você deve ficar fora do caminho do Senhor.

Se o seu marido se sentir esmagado sob o peso de coisas tais como problemas financeiros, doença, incapacitação, perda do emprego, problemas com os filhos, conflito conjugal, catástrofes, desastres em casa ou relacionamentos tensos, convide o Espírito Santo a mudar as circunstâncias e transformá-las. Lembre seu marido do contexto mais complexo: nosso sofrimento é praticamente mínimo em comparação com a glória que Deus operou em nós, se reagirmos corretamente em meio ao conflito. "Porque para mim tenho por certo que os sofrimentos do tempo presente não são para comparar com a glória por vir a ser revelada em nós" (Rm 8.18). Encoraje-o a dizer: "Tudo posso naquele (Cristo) que me fortalece" (Fp 4.13).

Ore para que seu marido se achegue a Deus até que saiba que nada pode separá-lo do amor do Senhor – nem o que está acontecendo agora, nem o que irá acontecer no futuro. "Porque eu estou bem certo de que nem morte, nem vida, nem anjos, nem principados, nem coisas do presente, nem do porvir, nem poderes, nem altura, nem profundidade, nem qualquer outra criatura poderá separar-nos do amor de Deus, que está em Cristo Jesus nosso Senhor" (Rm 8.38,39). Se nada pode separar-nos do amor de Deus, então não importa a seriedade do problema, ele sempre terá esperança.

As provações podem ser um fogo depurador e uma água purificadora. Você não quer que seu marido se queime ou se afogue; quer que ele seja aperfeiçoado e renovado. Deus prometeu que "em todas estas coisas, somos mais que vencedores por meio daquele que nos amou" (Rm 8.37). "Aquele, porém, que perseverar até o fim, esse será salvo" (Mt 24.13). A determinação de seu marido em permanecer firme na fé e esperar que Deus responda às suas orações é que irá salvá-lo do fogo e mantê-lo flutuando.

Oração

Senhor, só o Senhor conhece o peso que meu marido carrega. Posso compreender o problema, mas o Senhor mediu o peso nos ombros dele. Não quero minimizar o que fez na vida dele, pois sei que o Senhor opera grandes coisas em meio à provação. Nem estou tentando protegê-lo do que ele tem de enfrentar. Só desejo apoiá-lo, a fim de que saia vencedor desta batalha.

Deus, o Senhor é o nosso refúgio e fortaleza, um socorro bem presente na tribulação (Sl 46.1). O Senhor nos convidou para achegar-nos, "confiadamente, junto ao trono da graça, a fim de recebermos misericórdia e acharmos graça para socorro em ocasião oportuna" (Hb 4.16). Coloco-me diante do seu trono e peço graça para meu marido. Fortaleça o seu coração para esta batalha e dê-lhe paciência para aguardar no Senhor (Sl 27.1-4). Edifique-o para que, aconteça o que acontecer, ele possa permanecer firme. Ajude-o a "regozijar-se na esperança, ser paciente na tribulação, na oração perseverante" (Rm 12.12). Dê-lhe perseverança para participar da corrida sem desanimar, pois o Senhor disse que "sete vezes cairá o justo, e se levantará" (Pv 24.16). Ajude-o a lembrar-se de que "o Senhor firma os passos do homem bom e no seu caminho se compraz; se cair, não ficará prostrado, porque o Senhor o segura pela mão" (Sl 37.23,24). Oro para que ele faça do Senhor o seu "refúgio, até que passem as calamidades" (Sl 57.1). Possa ele aprender a esperar no Senhor porque "os que esperam no Senhor renovam as suas forças, sobem com asas como águias, correm e não se cansam, caminham e não se fatigam" (Is 40.31). Oro para que ele encontre forças no Senhor e, quando clamar, o Senhor possa ouvi-lo e livrá-lo de todas as suas tribulações (Sl 34.6).

Instrumentos de Poder

Nisso exultais, embora, no presente, por breve tempo, se necessário, sejais contristados por várias provações, para que o valor da vossa fé, uma vez confirmado, muito mais precioso do que o ouro perecível, mesmo apurado por fogo, redunde em louvor, glória e honra na revelação de Jesus Cristo.
1 Pe 1.6,7

Confia os teus cuidados ao Senhor, e ele te susterá; jamais permitirá que o justo seja abalado.
Sl 55.22

Eu, porém, invocarei a Deus, e o Senhor me salvará. À tarde, pela manhã e ao meio-dia, farei as minhas queixas e lamentarei; e ele ouvirá a minha voz. Livra-me a alma, em paz, dos que me perseguem; pois são muitos contra mim.
Sl 55.16-18

Tu, que me tens feito ver muitas angústias e males, me restaurarás ainda a vida, e de novo me tirarás dos abismos da terra. Aumenta a minha grandeza, conforta-me novamente.
Sl 71.20-21

Capítulo Quatorze
Sua Integridade

Integridade não é o que você *aparenta* manter quando todos o observam. É quem você *é* quando ninguém está olhando. É um nível de moralidade abaixo do qual você não cai, não importa o que esteja acontecendo ao seu redor. É um alto padrão de honestidade, veracidade, decência e honra que jamais é quebrado. É fazer aos outros aquilo que gostaria que lhe fizessem.

As palavras do homem íntegro não mudam. Ele não usa jogos de palavras, de maneira que você nunca saiba sua posição. O seu "sim" é "sim" e o seu "não" é "não". "O que disto passar vem do maligno" (Mt 5.37). Ele não joga dos dois lados da rede para agradar a todos. Seu objetivo é agradar a Deus e fazer o que é certo. Uma pessoa pode ser muito estimada pelos homens, mas abominável aos olhos de Deus (Lc 16.15).

O homem íntegro "jura com dano próprio e não se retrata" (Sl 15.4). Ele manterá a sua palavra mesmo que isso lhe custe. Quando colocado numa situação possivelmente comprometedora, ele continua firme naquilo que crê. Acima de tudo, é um homem verdadeiro; você pode confiar na sua honestidade. O homem que "anda em integridade anda seguro" (Pv 10.9), porque a sua integridade o guia e o leva à presença de Deus (Sl 41.12).

Meu marido é um homem íntegro que muitas vezes teve de tomar posição contra coisas que julgava erradas. Várias vezes isso lhe custou caro. Sempre orei para que fizesse a coisa certa, mas não porque não faria isso sem mim. Claro que faria. Porém, minhas orações o apoiaram enquanto enfrentava a oposição e o ajudaram a ficar firme apesar das circunstâncias. A Bíblia diz: "O justo anda na sua integridade, felizes lhe são os filhos depois dele" (Pv 20.7). Quer meus filhos reconheçam isso ou não, eles receberão a herança de seu pai ter aderido aos princípios de elevada integridade moral. Eles receberão bênçãos por causa do tipo de homem que o pai é. Oro para que transmitam essas bênçãos a seus filhos.

A integridade está no coração. Portanto, ser um indivíduo íntegro é algo que seu marido deve escolher por conta própria. Mas você pode ajudá-lo em oração a lutar contra o inimigo, que busca enredá-lo, cegá-lo e impedi-lo de tomar essa decisão. Mesmo quando ele fizer a escolha certa, haverá uma reação negativa no reino do mal. Suas orações podem protegê-lo de tudo que o faça duvidar e vacilar, e dar-lhe forças para agir de maneira correta mesmo quando ninguém o estiver observando.

Oração

Senhor, oro para que faça de meu marido um homem íntegro, segundo os seus padrões. Dê-lhe discernimento para dizer "sim" quando tiver de dizer "sim" e "não" quando tiver de dizer "não". Capacite-o a permanecer firme no que ele sabe que é certo e a não vacilar sob as pressões do mundo. Não permita que seja um homem que "aprende sempre e jamais pode chegar ao conhecimento da verdade" (2 Tm 3.7). Dê-lhe, em vez disso, um espírito dócil, disposto a ouvir a voz da sabedoria e a crescer nos seus caminhos.

Faça dele um homem que viva na verdade. Ajude-o a andar com o seu Espírito da verdade todo o tempo (Jo 16.13). Esteja com ele para dar testemunho da verdade, a fim de que nas horas de pressão faça isso com confiança (1 Jo 1.8,9). Onde tiver errado nisto e em outras coisas, dê-lhe um coração pronto a confessar seus erros, pois o Senhor disse na sua Palavra: "Se dissermos que não temos pecado nenhum, a nós mesmos nos enganamos, e a verdade não está em nós. Se confessarmos os nossos pecados, ele é fiel e justo para nos perdoar os pecados e nos purificar de toda injustiça" (1 Jo 1.8,9). Não deixe que ele seja enganado. Não deixe que viva uma mentira, qualquer que seja ela. Ate ao pescoço dele a sua misericórdia e verdade e escreva-as na tábua do seu coração, a fim de que ele encontre favor e alta estima aos olhos de Deus e do homem (Pv 3.3,4).

Instrumentos de Poder
Melhor é o pobre que anda na sua integridade
do que o perverso nos seus caminhos,
ainda que seja rico.
Pv 28.6

A integridade dos retos os guia, mas aos pérfidos
a sua mesma falsidade os destrói.
Pv 11.3

Julga-me, Senhor, segundo a minha retidão,
e segundo a integridade que há em mim.
Sl 7.8

Faze-me justiça, Senhor, pois tenho andado na minha
integridade, e confio no Senhor sem vacilar.
Sl 26.1

Preservem-me a sinceridade e a retidão,
porque em ti espero.
Sl 25.21

Capítulo Quinze

Sua Reputação

A boa reputação é algo frágil, especialmente nestes dias de comunicação acelerada e mídia de massa. Estar no lugar errado na hora errada pode arruinar a vida da pessoa.

Uma reputação não é algo a ser considerado com leviandade. O bom nome vale mais do que as muitas riquezas (Pv 22.1) e é melhor do que o "ungüento precioso" (Ec 7.1). Ele deve ser valorizado e protegido. A pessoa que não dá valor à sua reputação pode algum dia desejar credibilidade e não encontrá-la.

A nossa reputação pode ser arruinada pelos atos errados que cometemos, pelas pessoas com quem nos associamos, ou por palavras depreciativas ditas a nosso respeito. Nos três casos, o mal está envolvido. Um processo infeliz, boatos significativos, uma influência maligna, uma crítica no jornal ou quinze minutos de notoriedade podem destruir tudo o que um homem construiu durante toda a sua vida. A oração é a nossa única defesa.

As ocasiões em que meu marido mais se preocupou com a sua reputação foram aquelas em que ele ou alguém era interpretado inadequadamente num artigo de jornal, como se tivesse dito algo que não fosse verdade. Considerando o quão danosas essas coisas podem ser, sempre telefonávamos para as pessoas que julgávamos que poderiam ser mais afetadas pelas críticas e lhes contávamos qual era a verdade. É claro que não podíamos telefonar a todos, então orávamos para que o número de pessoas contatadas fosse suficiente e que Deus pusesse um fim ao problema.

O resultado era que o que poderia ter sido um incêndio de grandes proporções perdia a força e se extinguia em um ou dois dias. As chamas poderiam facilmente ter seguido para o outro lado e nos consumido. Estou certa de que foi o poder de Deus, em resposta à oração, que nos protegeu.

A mulher virtuosa, diz a Bíblia, tem um marido respeitado. Ele é "estimado entre os juízes, quando se assenta com os anciãos da terra" (Pv 31.23). Isso acontece por acaso? Um marido de boa reputação é garantido a cada mulher virtuosa? Ou ela tem algo a ver com isso? É verdade que o homem obtém certo respeito por ter uma boa mulher, mas creio que uma das coisas boas que ela faz é orar por ele e pela sua reputação.

A oração pela reputação de seu marido deve ser um processo contínuo. Entretanto, não se esqueça de que ele tem livre-arbítrio. Se seu marido não for sensível à orientação do Espírito Santo, poderá decidir enveredar por seu próprio caminho e ter problemas. Se uma coisa desse tipo acontecer ou se já aconteceu para manchar a reputação dele, ore a Deus para reverter a situação e permitir um resultado positivo. Ele também pode fazer isso.

Oração

Senhor, oro para que (<u>nome do marido</u>) tenha uma reputação imaculada. Sei que um homem é muitas vezes valorizado "pelos louvores que recebe" (Pv 27.21), portanto oro para que seja respeitado em nossa cidade e as pessoas falem bem dele. O Senhor disse na sua Palavra que "a maldição sem causa não se cumpre" (Pv 26.2). Oro para que nunca haja qualquer razão para que coisas más possam ser ditas a seu respeito. Mantenha-o longe de problemas legais. Proteja-o de demandas judiciais e processos criminais, ó Deus. Defenda-o dos que lhe possam causar danos (Sl 59.1). Lute contra os que lutam contra ele (Sl 35.1). Nós confiamos no Senhor. Que nunca sejamos envergonhados (Sl 71.1) Se o Senhor for por nós, quem pode ser contra nós (Rm 8.31)?

A sua Palavra diz: "Não pode a árvore boa produzir frutos maus, nem a árvore má produzir frutos bons. Toda árvore que não produz bom fruto é cortada e lançada ao fogo" (Mt 7.18,19). Oro para que meu marido produza bons frutos por causa da bondade que reside em seu íntimo e que ele venha a ser conhecido pelo bem que faz. Possam os frutos da sua honestidade, integridade e humildade tornar aprazíveis todos os seus relacionamentos, de modo que a sua reputação jamais seja manchada.

Preserve a sua vida do inimigo, esconda-o do conselho secreto dos perversos. Livre-o de qualquer armadilha preparada para ele (Sl 31.4). Mantenha-o a salvo da maledicência. Onde quer que tenha havido boatos maldosos sobre ele, toque com o seu fogo purificador o lábio dos que os espalham. Que seja revelada a responsabilidade dos envolvidos. Que sejam envergonhados e confundidos os que buscam destruir a sua vida; que sejam desonrados os que lhe desejam mal (Sl 40.14). Que ele possa confiar no Senhor e não ter medo do que o homem possa fazer-lhe (Sl 56.11). O Senhor disse que quem crer em Deus não sofrerá vexame (Rm 10.11). Que o Senhor o guie e seja sua poderosa fortaleza e refúgio. Que a luz dele brilhe tanto diante dos homens que eles vejam as suas boas obras e glorifiquem ao Senhor (Mt 5.16).

Ferramentas de Poder

Esconde-me da conspiração dos malfeitores,
e do tumulto dos que praticam a iniqüidade.
Os quais afiam a língua como espada, e apontam, quais
flechas, palavras amargas.
Sl 64.2,3

Não seja eu envergonhado, Senhor, pois te invoquei;
envergonhados sejam os perversos, emudecidos na
morte. Emudeçam os lábios mentirosos,
que falam insolentemente contra o justo,
com arrogância e desdém.
Sl 31.17,18

Bem-aventurados sois quando, por minha causa,
vos injuriarem e vos perseguirem e,
mentindo, disserem todo mal contra vós.
Regozijai-vos e exultai, porque é grande o
vosso galardão nos céus;
pois assim perseguiram aos
profetas que viveram antes de vós.
Mt 5.11,12

Não te apresses a litigar, pois, ao fim, que farás,
quando o teu próximo te puser em apuros?
Pleiteia a tua causa diretamente com o teu próximo,
e não descubras o segredo de outrem.
Para que não te vitupere aquele que te ouvir,
e não se te apegue a tua infâmia.
Sl 25.8-10

Quem intentará acusação contra os eleitos de Deus?
É Deus quem os justifica. Quem os condenará?
É Cristo Jesus quem morreu, ou antes,
quem ressuscitou, o qual está à direita de Deus,
e também intercede por nós.
Rm 8.33,34

Capítulo Dezesseis

Suas Prioridades

O s homens têm idéias diferentes sobre quais devem ser as suas prioridades. Mas toda esposa sente que ela deve estar no alto da lista do marido – logo abaixo de Deus. Descobri, porém, que, se a mulher quer que as prioridades do marido estejam nessa ordem, ela tem de verificar se as *dela* também obedecem a essa ordem. Em outras palavras, se você quer que seu marido a coloque como prioridade sobre o trabalho, filhos, amigos e atividades, você precisa fazer o mesmo por ele. Se Deus e o cônjuge não forem claramente as principais prioridades da sua vida, seu marido se sentirá menos incentivado a fazer o mesmo.

Conheço muito bem a luta para manter uma ordem correta de prioridades, especialmente se existem crianças envolvidas. As necessidades das crianças são imediatas e urgentes e é você quem cuida delas. O marido, afinal, é um adulto e espera-se que cuide de si mesmo. Ainda que não haja filhos, é possível ser consumida pelo trabalho, casa, amigos , projetos, interesses e atividades. Em meio a tantas coisas que ocupam seu tempo e atenção, é difícil impedir que seu marido desça na lista – ou pelo menos você se sente como se isso tivesse ocorrido.

Felizmente, as prioridades nem sempre correspondem ao total de tempo que gastamos com elas, pois, caso contrário, a pessoa que trabalha 40 horas por semana colocaria Deus abaixo do seu emprego, a menos que orasse oito horas por dia. Uma esposa não pode reservar para o marido o mesmo tempo que ela dedica a um filho pequeno, sem negligenciar a criança. Quando se trata de seu marido, a questão não é a quantidade de horas que você lhe reserva; o importante é que você lhe dedique tempo de modo que ele sinta que é uma prioridade.

Só cumprimentá-lo logo pela manhã com um sorriso e um abraço já o faz sentir que ele é importante para você. Poderia perguntar também: — Você precisa de alguma coisa para hoje? (E se ele lhe pedir algo, não se esqueça de fazê-lo.) Conte-lhe que você está orando por ele e pergunte-lhe se há algo específico que ele deseja que você inclua em suas orações. Se, em meio aos seus afazeres, você for de vez em quando até ele para fazer qualquer comentário ou simplesmente para vê-lo, isso lhe assegurará que ele está no topo da lista.

As prioridades têm a ver com a posição que as coisas ocupam no coração. Planejar tempo só para vocês dois – um encontro, uma noite ou duas fora de casa, um jantar a sós, tempo em casa sem os filhos ou amigos – significa para seu marido que ele é uma prioridade no seu coração. Se você quiser que ele a ame mais, precisa amá-lo mais. Isso sempre funciona, especialmente se também estiver orando.

Se você sentir que não tem o tempo e a energia necessários para colocar seu marido em primeiro lugar e ainda fazer tudo o que se espera de você, peça a Deus que a renove com seu Santo Espírito. Busque em primeiro lugar ao Senhor e ele a ajudará a colocar as suas prioridades em ordem. Se o seu horário não permite tempo para estar com Deus e apoiar-se na sua força, reexamine as suas prioridades e faça um novo programa. O anterior não está dando certo. No ambiente em que meu marido trabalha, vemos com freqüência certas pessoas obterem sucesso imediato. O problema é que isso faz surgir um espírito de cobiça, ansioso por mais sucesso, mais poder e mais riqueza. Quando essas pessoas não se esforçam para manter as suas prioridades em ordem, deixam-se guiar pelo orgulho, cedendo à sua sedução. Elas seguem seu caminho, deixando para trás Deus, família, igreja e amigos. Quando esses indivíduos voltam à terra, a aterrissagem é quase sempre forçada.

Não queremos que isso aconteça, nem mesmo em pequena escala, com nossos maridos. Ore para que o seu marido sempre coloque Deus em primeiro lugar, você em segundo e os filhos em terceiro. Então, não importa o que mais possa estar ocorrendo na vida dele, a suas prioridades estarão em ordem e haverá mais paz e felicidade no futuro de ambos.

Oração

Deus, proclamo-o como Senhor da minha vida. Ajude-me a buscá-lo primeiro a cada dia e estabeleça as minhas prioridades em perfeita ordem. Revele-me como colocar meu marido antes de meus filhos, trabalho, família, amigos, atividades e interesses, de maneira apropriada. Mostre-me o que posso fazer neste momento para demonstrar-lhe que ele ocupa este lugar no meu coração. Conserte as ocasiões em que permiti que duvidasse disso. Diga-me como estabelecer prioridades, de modo que qualquer coisa que desvie a minha vida ou não tenha um propósito duradouro não ocupe o meu tempo.

Oro para que as prioridades de meu marido também estejam em perfeita ordem. Seja Senhor e Rei sobre o seu coração. Ajude-o a escolher a simplicidade de vida que lhe permita reservar um tempo a sós com o Senhor, um lugar tranqüilo na sua presença todos os dias. Fale com ele sobre fazer da sua Palavra, da oração e do louvor uma prioridade. Capacite-o a colocar a mim e a nossos filhos em maior proeminência no seu coração, antes da profissão, dos amigos e das atividades. Oro para que ele busque o Senhor primeiro submetendo-se totalmente, pois quando fizer isso sei que as outras peças da sua vida se encaixarão perfeitamente.

Ferramentas de Poder

Buscai, pois, em primeiro lugar, o seu reino e a
sua justiça, e todas estas coisas vos serão acrescentadas.
Mt 6.33

Não tenha cada um em vista o que é propriamente seu,
senão também cada qual o que é dos outros.
Fp 2.4

Ninguém pode servir a dois senhores;
porque ou há de aborrecer-se de um, e amar ao outro,
ou se devotará a um e desprezará ao outro.
Não podeis servir a Deus e às riquezas.
Mt 6.24

O reino dos céus é também semelhante a um
que negocia e procura boas pérolas; e tendo achado
uma pérola de grande valor, vendeu tudo o que
possuía, e a comprou.
Mt 13.45,46

Ao Senhor teu Deus adorarás, e só a ele darás culto.
Mt 4.10

Capítulo Dezessete
Seus Relacionamentos

O isolamento não é saudável. Todos precisamos da influência de pessoas boas para manter-nos no caminho reto. Todo casal deve ter pelo menos dois outros casais de cristãos fortes com quem possam compartilhar o encorajamento, a força e a riqueza de suas vidas. Estar perto de pessoas assim é edificante, enriquecedor, proporcionando equilíbrio e satisfação. Isso também nos ajuda a manter a perspectiva quando as coisas parecem aumentar de proporção. A melhor coisa para um casamento é tirar proveito das qualidades positivas das outras pessoas.

Lembro-me de uma época em que Michael e eu discutimos antes de irmos jantar na casa de outro casal. No caminho para lá, ficamos num silêncio opressivo e tudo o que me vinha à cabeça era como poderíamos passar uma noite agradável e não deixar nossos amigos embaraçados. Quando chegamos, a cordialidade, amor e espiritualidade que sentimos emanar deles contagiaram nossos pensamentos e emoções. Logo estávamos rindo, conversando e nos divertindo, esquecidos do que houvera antes. O que aquelas pessoas tinham não era apenas um espírito de festa, "vamos aproveitar a vida!". Era a alegria do Senhor e ela nos foi transmitida.

Testemunhamos exatamente a mesma coisa acontecer ao inverso. Houve muitas ocasiões em que um casal que estava em meio a um conflito conjugal veio jantar em nossa casa e foi embora cheio de paz em seu coração. Um desses casais chegou a telefonar pouco antes da hora marcada – quando o jantar já estava completamente pronto – para dizer que haviam acabado de discutir e que não seriam uma companhia agradável. Eu lhes disse que entendia perfeitamente, pois tínhamos passado pela mesma dificuldade, mas que queríamos recebê-los, mesmo que ficassem em silêncio a noite toda.

— Além disso, vocês precisam comer — disse-lhes. — Se necessário, podem sentar-se cada um numa ponta da mesa.

— Levou algum tempo para convencê-los, mas finalmente vieram e a noite acabou sendo muito agradável para todos. Acabamos até rindo do que acontecera antes e eles foram embora de mãos dadas.

Fazer amizade com pessoas piedosas que amam ao Senhor não é algo que acontece por acaso. Devemos orar para que tais pessoas entrem em nossas vidas. Depois, quando as encontramos, devemos continuar envolvendo os relacionamentos em oração. É preciso orar também para que as más influências sejam removidas. A Bíblia diz: "Não vos ponhais em jugo desigual com os incrédulos" (2 Co 6.14). Isto não significa que não podemos sequer aproximar-nos de quem não é cristão, mas que os nossos relacionamentos mais íntimos, mais influentes, devem ser com pessoas que conhecem e amam ao Senhor; caso contrário, haverá conseqüências. "O justo serve de guia para o seu companheiro, mas o caminho dos perversos os faz errar" (Pv 12.26). Eis porque é importante estar numa igreja onde é possível encontrar o tipo de pessoas de que você precisa.

Procure aproximar-se das pessoas detentoras do melhor caráter, aquelas cujos corações estão voltados para Deus.

Ore também para que seu marido tenha bons amigos e, quando ele os encontrar, permita-lhe que passe algum tempo com eles, sem críticas. Esses amigos irão purificá-lo. "Como o ferro com o ferro se afia, assim o homem ao seu amigo" (Pv 27.17). Eles serão uma boa influência. "Como o óleo e o perfume alegram o coração, assim o amigo encontra doçura no conselho cordial" (Pv 27.9). Naturalmente se as amizades se tornarem obsessivas, ore pedindo equilíbrio.

Depois que nossos filhos nasceram, durante a semana Michael trabalhava dia e noite e nos fins de semana passava todo o tempo de folga no campo de golfe ou jogando beisebol ou futebol com os amigos. Tivemos brigas feias por causa disso, mas não houve qualquer mudança até que comecei a orar para que Deus o convencesse e fizesse o seu coração voltar-se para o lar. O Senhor fez um trabalho muito melhor do que qualquer um que eu pudesse fazer.

Os homens quase sempre têm menos amigos íntimos que as mulheres por que empregam muito tempo em firmar suas carreiras. Eles não reservam, como nós, o tempo necessário para estabelecer amizades íntimas. É nesse ponto que a oração pode fazer diferença. Mesmo que seu marido não seja cristão, você pode orar para que ele tenha amigos piedosos. O marido de uma amiga íntima não conhecia o Senhor e nós oramos muitas vezes para que ele tivesse amigos piedosos e estabelecesse contato com os cristãos que trabalham com ele. Deus enviou tantos cristãos fortes para a sua vida que agora até rimos da maneira como o Senhor o cercou.

Ore por *todas* as amizades de seu marido. Ele deve ter um bom relacionamento com seus pais, irmãos, irmãs, tias, tios, primos, colegas e vizinhos. Ore para que nenhum desses relacionamentos seja prejudicado pela sua incapacidade de perdoar. Um marido torturado pela falta de perdão não é uma visão agradável.

Oração

Senhor, oro por (nome do marido) para que ele tenha amigos bons e piedosos com quem possa abrir sinceramente o coração. Que sejam homens dignos e cheios de sabedoria, que falem a verdade e não apenas digam o que ele quer ouvir (Pv 28.23). Dê-lhe discernimento para afastar-se dos que não forem uma boa influência (1 Co 5.13). Mostre-lhe a importância de amizades piedosas e me ajude a encorajá-lo a mantê-las. Dê-nos casais cristãos com que possamos compartilhar a nossa vida.

Oro por relacionamentos fortes e pacíficos com cada um dos membros da sua família, vizinhos, conhecidos e colegas. Oro hoje, especificamente, pelo seu relacionamento com (nome da pessoa). Inspire a comunicação aberta e a aceitação mútua entre eles. Que haja reconciliação onde havia afastamento. Coloque a paz em tudo o que precisa ser resolvido.

Oro para que em seu coração ele honre a seu pai e a sua mãe, para que a sua vida seja longa e abençoada (Êx 20.12). Capacite-o a ser alguém que perdoa e não abriga ressentimentos ou mantém coisas contra outros em seu coração. Senhor, a sua Palavra diz: "Aquele, porém, que odeia a seu irmão, está nas trevas, e anda nas trevas, e não sabe para onde vai, porque as trevas lhe cegaram os olhos" (1 Jo 2.11). Oro para que meu marido jamais seja cegado pelas trevas da falta de perdão, mas ande continuamente na luz do perdão.

Oro para que ele não julgue ou mostre desprezo por ninguém, mas lembre-se de que "todos compareceremos perante o tribunal de Deus" (Rm 14.10). Capacite-o a amar seus inimigos, abençoando aos que o amaldiçoarem, fazendo o bem aos que o odiarem, e orando por aqueles que se aproveitarem dele e o perseguirem (Mt 5.44).

Oro para que eu possa ser contada como a melhor amiga dele e que a nossa amizade possa continuar crescendo. Mostre a ele o que significa ser um verdadeiro amigo e capacite-o a assumir esse papel.

Ferramentas de Poder

Consideremo-nos também uns aos outros, para nos
estimularmos ao amor e às boas obras. Não deixemos
de congregar-nos como é costume de alguns;
antes, façamos admoestações.

Hb 10.24,25

Se, pois, ao trazeres ao altar a tua oferta,
ali te lembrares de que teu irmão tem alguma coisa
contra ti, deixa perante o altar a tua oferta,
vai primeiro reconciliar-te com teu irmão;
e, então, voltando, faze a tua oferta.

Mt 5.23,24

Se, porém, andarmos na luz, como ele está na luz,
mantemos comunhão uns com os outros.

1 Jo 1.7

Acautelai-vos. Se teu irmão pecar contra ti;
repreende-o; se ele se arrepender, perdoa-lhe.
Se por sete vezes no dia pecar contra ti, e sete vezes vier
ter contigo, dizendo: Estou arrependido, perdoa-lhe.

Lc 17.3

Novo mandamento vos dou: que vos ameis uns aos
outros; assim como eu vos amei, que também vos ameis
uns aos outros. Nisto conhecerão todos que sois meus
discípulos, se tiverdes amor uns aos outros.

Jo 13.34,35

Capítulo Dezoito

Sua Paternidade

Q uando pedi a meu marido que me falasse sobre os seus temores mais profundos, uma das coisas que ele mencionou foi o medo de não ser um bom pai. — Creio que é algo que os homens em geral tendem a sentir — disse ele. Ficamos tão envolvidos com o nosso trabalho que tememos não ter feito o que devíamos para nossos filhos. Ou temos medo de não fazer as coisas suficientemente bem, ou de deixar de fazer algo. O problema aumenta com os adolescentes. Temos medo de não saber comunicar-nos com eles por nos julgarem velhos ou sem importância.

Fiquei comovida com isso e resolvi orar para que fosse um bom pai. Creio que minhas orações fizeram alguma diferença porque tornou-se mais paciente com nossos filhos e menos inseguro quanto às suas habilidades de pai. Ele foi ficando cada vez menos tenso e mais capaz de alegrar-se com eles. Tornou-se menos cheio de culpa e menos zangado quando havia necessidade de discipliná-los, e mais capaz de incutir sabedoria na vida deles. Ele percebe agora que qualquer defeito em nossos filhos não é necessariamente um reflexo de seu valor como pai.

Pensamentos de fracasso e incapacidade levam muitos pais a desistir, ir embora, ou se tornar prepotentes por excesso de esforço, ou a desenvolver uma atitude passiva, ficando então em segundo plano na vida dos filhos. Isso pode ser especialmente esmagador para um homem que já se sente fracassado em outras áreas.

As mães também ficam oprimidas com sentimentos de incapacidàde, mas só as mais profundamente perturbadas abandonam, ignoram ou magoam os filhos. Isso ocorre porque, desde o momento da concepção, temos a oportunidade de dar muito de nós mesmas para suas vidas. Nós os carregamos no útero, nós os amamentamos e cuidamos deles quando recém-nascidos, nós os guiamos, ensinamos e amamos tanto que estabelecemos um elo com eles desde o início.

Os pais não têm esse privilégio e muitas vezes sentem que estão começando do lado de fora, tentando entrar. Se ao mesmo tempo estiverem gastando muito tempo e energia tentando consolidar suas carreiras, estarão mais propensos a sentir-se afastados e inúteis. Nossas orações podem ajudar a corrigir esta situação.

Você já teve alguém que orasse a seu favor quando não conseguia pensar direito e, depois de essa pessoa ter orado, passou a ver com clareza? Experimentei isso vezes incontáveis. Acredito que é isto que pode acontecer com nossos maridos quando oramos por seu desempenho como pais. Se estiverem torturados pela dúvida, sentindo o peso da responsabilidade, poderemos minimizar essa situação com as nossas orações. A oração pode ajudá-los a obter uma clara perspectiva do que significa ser um bom pai e abrir a porta para a orientação do Espírito Santo sobre como lidar com os desafios que surgem nessa missão de pai.

Meu marido lembrou-se de um incidente específico em que sabia que minhas orações por ele como pai fizeram grande diferença. Isso aconteceu quando nosso filho, Christopher, tinha cerca de sete anos e o apanhamos numa mentira. Sabíamos que era preciso tratar do assunto, mas além de um coração arrependido queríamos que ele nos contasse toda a verdade. Ele não fez nada disso.

Naquele momento, Michael queria dar-lhe uma lição, mas não sabia o que fazer e pediu-me que orasse. Enquanto eu orava, as coisas se tornaram muito claras para ele. Com Chris observando, Michael desenhou um triângulo com uma figura de Satanás, Deus e Christopher, cada um numa das pontas. Ele descreveu a seguir o plano de Satanás para Chris e o plano de Deus. Ilustrou em seguida como a mentira faz parte do plano de Satanás, o qual Chris estava seguindo. Descreveu em detalhe as conseqüências de aceitar o plano de Satanás – que significava afastar-se de Deus – e isso abalou tanto o menino que ele não suportou e confessou a mentira com o coração completamente arrependido. Michael disse que sabia que, sem esse quadro claro enviado por Deus, ele não teria sido capaz de tocar o coração do filho como precisava.

A melhor maneira de ser um bom pai é conhecer o seu Pai celestial e aprender a imitá-lo. Quanto mais tempo o homem passa na presença do Senhor, sendo transformado à sua semelhança, tanto maior influência terá quando estiver com os filhos. Ele terá um coração de pai porque compreende o coração do *Pai*. Isto poderá ser difícil se o seu marido não tiver um bom relacionamento com o seu pai terreno. A maneira como o homem se relaciona com o pai geralmente afeta sua relação com Deus Pai. Se foi abandonado por ele, pode sentir-se abandonado por Deus. Se seu pai era distante ou pouco afetuoso, pode ver Deus como distante e indiferente. Se duvidava do amor do pai, pode ficar também zangado com Deus Pai. Os eventos do passado relacionados ao pai podem servir de barreira para impedi-lo de conhecer realmente o amor do Pai. Tudo isto irá refletir-se na sua relação com os filhos.

Ore para que seu marido venha a ter maior compreensão do amor de seu Pai celestial e seja curado de quaisquer mal-entendidos que subsistam em seu coração e em sua mente a respeito disso. Onde o pai falhou e ele culpou a Deus, peça ao Senhor para curar essa enorme mágoa. A Bíblia diz: "A quem amaldiçoa a seu pai ou a sua mãe, apagar-se-lhe-á a lâmpada nas mais densas trevas" (Pv 20.20). A não ser que perdoe o pai, ele ficará nas trevas e não saberá ser o melhor pai para os filhos. Seu pai não precisa estar vivo para corrigir essa relação, pois o que importa é o que está em seu coração quanto a ele. Ore para que ele tenha a atitude certa para com o pai terreno, a fim de que nada impeça a sua relação com Deus Pai.

Os homens nem sempre compreendem como eles são importantes para os filhos. Eles sentem algumas vezes que só existem para provê-los de bens materiais. Porém, a importância da influência do pai jamais deve ser subestimada. O modo como ele interage com os filhos irá modificar a vida deles para o bem ou para o mal. Irá mudar a vida dele também. Pois, se fracassar como pai, sempre carregará esse sentimento de fracasso em seu coração. Se for bem-sucedido, não poderá haver sucesso maior em sua vida.

Oração

Senhor, ensine (<u>nome do marido</u>) a ser um bom pai. Oriente-o naquilo que estiver em desacordo com a sua vontade e ajude-o a perdoar seu pai. Dê-lhe a revelação do Senhor e a vontade de conhecê-lo como seu Pai celestial. Faça com que ele se aproxime e passe tempo na sua presença para tornar-se mais semelhante ao Senhor, compreendendo o seu coração de Pai, cheio de compaixão e amor por ele. Faça com que seu coração nutra esse mesmo tipo de sentimento para com seus filhos. Ajude-o a equilibrar misericórdia, juízo e instrução como o Senhor faz.

Embora exija obediência, o Senhor reconhece logo o coração arrependido. Faça com que ele também seja assim. Mostre-lhe quando deve disciplinar e ajude-o a ver que quem ama o filho cedo o disciplina (Pv 13.24). Que ele nunca provoque seus "filhos à ira, mas os crie na disciplina e na admoestação do Senhor" (Ef 6.4).

Oro para que sejamos unidos nas regras que impomos a nossos filhos e estejamos de acordo sobre como eles devem ser educados. Oro para que não haja brigas ou discussões sobre como cuidamos deles e as coisas que acontecem em suas vidas.

Dê-lhe habilidade na comunicação com os filhos. Oro para que não seja severo, duro, cruel, frio, abusivo, não-comunicativo, passivo, crítico, fraco, desinteressado, negligente, irresponsável e indiferente. Ajude-o, em vez disso, a ser bondoso, amoroso, brando, cordial, interessado, seguro, afetuoso, compromissado, forte, coerente, confiável, comunicativo, compreensivo e paciente. Que ele possa exigir e inspirar seus filhos a dar-lhe honra como pai, para que as vidas deles possam ser longas e abençoadas.

Senhor, sei que passamos uma herança espiritual para nossos filhos. Que a herança espiritual transmitida por ele seja rica na plenitude do seu Espírito Santo. Capacite-o a modelar claramente um andar de submissão às suas leis. Que ele possa alegrar-se nos filhos e desejar que cresçam nos seus caminhos. Ser um bom pai é algo que ele quer muito. Oro para que o Senhor lhe conceda o desejo do seu coração.

Ferramentas de Poder

Coroa dos velhos são os filhos dos filhos;
e a glória dos filhos são os pais.
Pv 17.6

Porque o Senhor repreende a quem ama,
assim como o pai ao filho a quem quer bem.
Pv 3.12

Grandemente se regozijará o pai do justo,
e quem gerar a um sábio nele se alegrará.
Pv 23.24

Corrige o teu filho, e te dará descanso,
dará delícias à tua alma.
Pv 29.17

Serei vosso Pai, e vós sereis para mim filhos e filhas,
diz o Senhor Todo-Poderoso.
2 Co 6.17

Capítulo Dezenove

Seu Passado

Michael tinha dezenove anos quando teve um colapso por exaustão. Ele cursava a faculdade em tempo integral e à tarde e à noite escrevia, fazia arranjos, tocava piano e instrumentos de percussão nos clubes locais. Ficou extremamente estressado, dormia pouco e caminhava rapidamente para a autodestruição devido a tanto trabalho. O médico da família sugeriu que ele fosse para uma casa de repouso nas proximidades, para descansar. Sua mãe contou-me mais tarde que ela e o médico se arrependeram dessa decisão, mas na ocasião não sabiam o que mais podia ser feito. Michael descreveu suas duas semanas de "descanso" ali como a experiência mais medonha da sua vida. Ele observou tantos comportamentos estranhos e horríveis nos outros pacientes que isso o traumatizou, temendo nunca mais poder sair. Michael voltou à faculdade com um horário bem menos estressante, mas também com grande temor.

Depois que nos casamos, houve tempos em que ele ficou tão ocupado e sob tanta pressão que voltou a ter a mesma experiência de esgotamento. Isso sempre o lembrava do que acontecera quando era adolescente. O passado voltava como um espectro e o ameaçava com o pensamento: — Você vai acabar no hospício outra vez. — Nessas horas, disse ele, é que as minhas orações a seu favor eram mais significativas. Eu sempre orava para que ele conhecesse a verdade, pois ela o libertaria (Jo 8.32). Orei para que Deus o livrasse do seu passado. Foi um processo gradual, mas eu via avanços a cada vez que orava.

Não devemos viver no passado, mas aprender com ele. Devemos esquecer "as coisas que para trás ficam" e "avançar para as que diante de nós estão", devemos também prosseguir "para o alvo, para o prêmio da soberana vocação de Deus em Cristo Jesus" (Fp 3.13,14). Deus é redentor e restaurador. Precisamos permitir que ele seja essas duas coisas. Ele pode remir o passado e restaurar o que foi perdido. Ele pode remir as coisas más que aconteceram (Sl 90.15). Devemos confiar em Deus para fazer isso. Jamais poderemos sair do presente e alcançar o futuro que Deus tem para nós se nos apegarmos ao passado e vivermos nele.

O passado de seu marido não só o afeta, como também a seus filhos. Mais é transmitido a seus filhos e netos do que apenas a cor de seu cabelo e olhos. Podemos deixar uma herança tão penosa e prejudicial quanto aquela que nós mesmos recebemos. Podemos transmitir uma herança de divórcio, ira, ansiedade, depressão e medo, para citar alguns itens. Do que quer que você e seu marido possam livrar-se significará mais liberdade para eles. Enquanto você estiver preso ao passado, não só perderá parte do que Deus tem para o seu futuro, como também para o futuro de seus filhos.

Os eventos do passado de seu marido que mais o afetam hoje provavelmente ocorreram na infância. As coisas más que aconteceram ou as coisas boas que não aconteceram com os membros da família são as mais importantes. Os apelidos dados por um parente ou colega nos acompanham até a idade adulta. Palavras como "gordo", "idiota", "desajeitado", "fracassado", "coitado", "perdedor", "vadio", "quatro-olhos", "mole" ou "tolo" ficam gravados na mente e nas emoções do indivíduo e o acompanham até a idade adulta. Embora ninguém possa fingir que o passado não aconteceu, é possível orar para que todos os seus efeitos sejam removidos. Ninguém está destinado a viver com ele para sempre.

Deus diz que devemos clamar por libertação, andar nos seus caminhos, proclamar a sua verdade, e então seremos libertados de nosso passado. Mas, algumas vezes, há níveis de liberdade a atravessar. Seu marido pode pensar que libertou-se de algo, mas o problema volta novamente e então ele se sentirá como se estivesse outra vez na estaca zero. Diga-lhe que não fique desanimado com isso. Se estiver andando com o Senhor, provavelmente estará entrando num nível mais profundo de liberdade que Deus quer operar na vida dele. As suas orações, com toda certeza irão prepará-lo rumo a uma liberdade maior.

Libertar-se do passado poderá ser uma operação rápida ou um processo que se desenvolverá passo-a-passo, dependendo do que Deus lhe está ensinando. O problema é que você não pode fazer as coisas acontecerem conforme a sua conveniência. Você tem de ser paciente e orar quanto tempo for necessário, a fim de manter as vozes do passado à espera para que seu marido possa tomar a decisão de não ouvi-las.

Oração

Senhor, oro para que capacite (<u>nome do marido</u>) a livrar-se completamente do seu passado. Liberte-o de qualquer laço que o prenda a ele. Ajude-o a deixar de lado seu comportamento e modo de pensar anteriores e que sua mente possa ser renovada (Ef 4.22,23). Aumente o seu entendimento para saber que o Senhor tornou novas todas as coisas (Ap 21.5). Mostre-lhe um meio novo, inspirado pelo Espírito Santo, de relacionar-se com as coisas negativas que ocorreram. Dê-lhe a mente de Cristo, para que possa discernir claramente a voz de Jesus das vozes do passado. Quando ouvir essas velhas vozes, capacite-o para levantar-se e fazê-las calarem-se com a verdade da sua Palavra.

Onde experimentou antes rejeição ou sofrimento, oro para que não permita que isso influencie o que ele vê e ouve agora. Derrame perdão em seu coração para que a amargura, o ressentimento, a vingança e a falta de perdão não tenham lugar nele. Que ele possa considerar o passado como apenas uma lição de história e não um guia para a sua vida diária. Sempre que o seu passado se torne uma lembrança desagradável, peço que o Senhor o redima e traga vida através dela.

Sare as suas feridas (Sl 147.3). Restaure a sua alma (Sl 23.3). Ajude-o a libertar-se do passado de modo a não viver nele, mas a aprender com ele, a rejeitá-lo e a avançar para o futuro que o Senhor tem para ele.

Ferramentas de Poder

Não vos lembreis das coisas passadas, nem considereis as antigas. Eis que faço coisa nova, que está saindo à luz; porventura não o percebeis? Eis que porei um caminho no deserto, e rios no ermo.
Is 43.18,19

E assim, se alguém está em Cristo, é nova criatura: as coisas antigas já passaram; eis que se fizeram novas.
2 Co 5.17

Quanto ao trato passado, vos despojeis do velho homem, que se corrompe segundo as concupiscências do engano, e vos renoveis no espírito do vosso entendimento, e vos revistais do novo homem, criado segundo Deus, em justiça e retidão procedentes da verdade.
Ef 4.22-24

Mesmo que o nosso homem exterior se
corrompa, contudo o nosso homem interior
se renova de dia em dia.
2 Co 4.16

E lhes enxugará dos olhos toda lágrima, e a morte já
não existirá, já não haverá luto, nem pranto, nem dor,
porque as primeiras coisas passaram.
Ap 21.4

Capítulo Vinte

Sua Atitude

Ninguém quer ficar perto de uma pessoa cujas atitudes são negativas. A vida já é suficientemente dura sem ouvir alguém sempre se queixando em seu ouvido. Conheço um homem que está tão habituado a ficar irritado, que essa é a sua primeira reação a tudo – até às boas notícias. Quando coisas agradáveis acontecem, ele descobre algo para preocupar-se. Infelizmente, é provável que seja uma reação aprendida e condicionada desde a infância. É possível que ninguém lhe tenha mostrado como gozar a vida. Mas deixar que o passado continue a controlar o presente é escolha dele. Em vista disso, esse homem não só será sempre infeliz, como também os que o cercam. Não queremos ser esse tipo de pessoa, nem queremos viver com alguém assim.

Sem citar nomes, quero assegurar-lhe que sou uma especialista quando se trata de orar por alguém cujas atitudes são incorretas. Levei, porém, muito tempo para deixar de reagir a elas e começar a orar. Valeu a pena, mas ainda estou aperfeiçoando este modo de reação. Toda vez que eu orava para que um espírito de alegria tomasse o coração dessa pessoa, as mudanças eram visíveis e eu também reagia melhor. O indivíduo zangado, severo e negativo pode ficar assim por várias razões. Ele *permanece* assim por causa de uma vontade obstinada que se recusa a receber o amor de Deus. A Bíblia diz que temos uma escolha quanto ao que vamos deixar entrar em nosso coração (Sl 101.4) e se iremos endurecê-lo para o amor de Deus ou não (Pv 28.14). Escolhemos a nossa atitude. Escolhemos receber o amor do Senhor. Permitimos que uma atitude de agradecimento nasça em nós.

Se o seu marido tem uma atitude constantemente negativa, um bom casamento se tornará infeliz e um relacionamento vacilante ficará intolerável. O hábito de reagir negativamente irá afetar todos os aspectos da vida dele. É claro que você não pode governar a vontade de seu marido, mas pode orar para que a vontade dele se ajuste à de Deus.

Ore para que o coração dele se torne puro, porque a Bíblia promete que o indivíduo de coração puro verá a Deus (Mt 5.8) e terá um rosto alegre (Pv 15.13). (Quem não quer que seu marido veja a Deus e tenha uma fisionomia alegre?) Ore para que o coração dele se encha de louvor, agradecimento, amor e alegria, porque "o homem bom tira do tesouro bom coisas boas; mas o homem mau do mau tesouro tira coisas más" (Mt 12.35).

Mesmo que não haja grandes mudanças de imediato, certamente ele será abrandado pelas suas orações. Isso, pelo menos, pode melhorar a sua atitude enquanto você espera que a dele melhore.

Oração

Senhor, encha hoje (<u>nome do marido</u>) com o seu amor e paz. Que ele possa sentir calma, serenidade e bem-estar porque a sua vida é controlada por Deus, em vez de pela carne. Capacite-o a manter um coração limpo e perfeito diante do Senhor

(Sl 101.2). Faça brilhar a luz do seu Espírito sobre ele e enche-o com o seu amor.

Oro para que ele seja bondoso e paciente, e não egoísta e facilmente irritável. Capacite-o a suportar todas as coisas (1 Co 13.7). Liberte-o da ira, inquietação, ansiedade, das preocupações, do tumulto íntimo, dos conflitos e da pressão. Que o seu espírito não seja abatido pela tristeza (Pv 15.13), mas participe do banquete contínuo do coração alegre (Pv 15.15). Dê-lhe um espírito de contentamento e impeça que se torne um velho rabugento.

Ajude-o a não ficar ansioso por coisa alguma, mas dê graças em todas as coisas, de modo a conhecer a paz que excede todo entendimento. Que ele chegue ao ponto de dizer: "Aprendi a viver contente em toda e qualquer situação" (Fp 4.11). Digo a (nome do marido) neste dia: "O Senhor te abençoe e te guarde; o Senhor faça resplandecer o seu rosto sobre ti, e tenha misericórdia de ti; o Senhor sobre ti levante o seu rosto, e te dê a paz" (Nm 6.24-26).

Ferramentas de Poder

Não andeis ansiosos de coisa alguma; em tudo, porém, sejam conhecidas diante de Deus as vossas petições, pela oração e pela súplica, com ações de graça. E a paz de Deus, que excede todo o entendimento, guardará os vossos corações e as vossas mentes em Cristo Jesus.
Fp 4.6,7

Lançai de vós todas as vossas transgressões com que transgredistes, e criai em vós coração novo e espírito novo; pois, por que morreríeis, ó casa de Israel?
Ez 18.31

Como cidade derribada, que não tem muros, assim é o homem que não tem domínio próprio.
Pv 25.28

Ainda que eu tenha o dom de profetizar e conheça
todos os mistérios e toda a ciência; ainda que eu
tenha tamanha fé ao ponto de transportar montes,
se não tiver amor, nada serei.
1 Co 13.2

Entrai por suas portas com ações de graça,
e nos seus átrios com hinos de louvor;
rendei-lhe graças e bendizei-lhe o nome.
Sl 100.4

Capítulo Vinte e Um

Seu Casamento

A ntes de me casar, uma das qualidades que eu sabia que desejava em meu marido era um forte desinteresse pelos esportes. Eu detestava a idéia de passar o resto da minha vida com alguém que ficasse o tempo inteiro no sofá com o controle remoto na mão, assistindo futebol, beisebol, basquete e golfe.

Uma das coisas que eu mais admirei em Michael quando começamos a namorar foi que ele nunca falava de esportes quando estávamos juntos. De fato, até afirmou que isso o entediava. Você pode imaginar como fiquei chocada quando, vários anos depois do nosso casamento, ele se tornou não apenas interessado em esportes, mas obcecado. Se o seu time favorito perdia, a família toda tinha de sofrer com ele. Quando ganhava, todos ao seu redor ficavam surdos com os seus gritos.

Ele não se contentava em ver um jogo ocasionalmente, tinha de assistir a todos. Não era também um espectador passivo, pois se vestia com a camiseta e o chapéu do clube e pulava a cada gol ou ponto. Tentei ir a alguns jogos com ele, mas percebi que para mim havia mais emoção num cachorro quente. Tentei assistir ao programa de esportes na TV, mas o tédio foi demais para mim. Cedi ao ressentimento ao ver que, para ele, parecia mais interessante assistir a um evento esportivo do que passar tempo com a família.

Não foi senão anos mais tarde, quando comecei realmente a orar sobre o nosso casamento, que as coisas mudaram. Por alguma razão que não posso compreender, Deus não apagou o interesse de meu marido pelos esportes como eu lhe pedira em oração. Em vez disso, o Senhor me deu paz e uma nova perspectiva sobre o assunto. Fizemos um acordo, pelo qual eu não o pressionaria a abandonar os esportes, se ele não fizesse pressão sobre mim para fingir interesse. Eu não o acusaria de haver usado uma tática mentirosa antes de nos casarmos, se ele tivesse a mesma cortesia comigo. Este pode parecer um assunto menor num casamento, mas essas coisas vão se acumulando e passam a ser essenciais para determinar se a união continua ou desmorona.

Orar por todos os aspectos de um casamento mantém afastada a idéia de divórcio. Não devemos então negligenciar as questões importantes, mesmo que pensemos que elas não se aplicam a nós. Desde o dia em que nos casamos, orei para que não houvesse divórcio nem adultério no futuro. Embora não houvesse nenhum problema desse tipo em nossas famílias, o divórcio e o adultério haviam saturado de tal forma a nossa cultura e o negócio em que estávamos que eram praticamente esperados em alguns círculos. Orei para que Deus preservasse o nosso casamento dessa destruição. Ele tem sido fiel em responder a essas orações.

O casamento é bom quando duas pessoas entram nele com o compromisso mútuo de mantê-lo forte, sem levar em conta as circunstâncias. Porém, é comum o casal ter idéias preconcebidas sobre quem é o outro e como a vida conjugal deve ser, e então a realidade os atinge. É nesse momento que o reino deles pode dividir-se.

Você tem de orar continuamente para que todas as expectativas irreais sejam expostas e todas as incompatibilidades sejam niveladas, a fim de que possam crescer juntos em unidade de espírito, em compromisso e em intimidade. Ore para que em seu casamento haja lugar para a concordância, a fim de que Deus possa estar no seu meio (Mt 18.19,20). Se qualquer de vocês já foi casado antes, ore para nenhum resíduo seja levado para o seu casamento atual. Quebre todos os elos – bons ou maus, emocionais ou espirituais – com quaisquer relacionamentos anteriores. Você não pode avançar para o futuro se tiver um pé no passado.

Não tome o seu casamento como certo, por melhor que seja. "Aquele, pois, que pensa estar em pé, veja que não caia" (1 Co 10.12). Ore para que a sua união seja protegida de qualquer pessoa ou situação que possa destruí-la. Peça ao Senhor que faça o que for necessário para manter intato o casamento, mesmo que seja lançar um raio sobre um de vocês quando pensarem em desistir! Ore para que Deus faça de seu casamento uma fonte de alegria e vida para ambos e não uma rotina, um espinho, um pesadelo, uma irritação ou uma condição temporária.

Oração

Senhor, oro para que proteja o nosso casamento de tudo que possa prejudicá-lo ou destruí-lo. Guarde-o do nosso próprio egoísmo e negligência, dos planos e desejos malignos de outros e de situações pouco sadias ou perigosas. Que não haja, hoje ou no futuro, pensamento de divórcio ou infidelidade em nossos corações. Livre-nos das mágoas e das lembranças passadas, assim como dos laços de relações anteriores e de expectativas irreais a respeito um do outro. Oro para que não haja ciúmes entre nós, ou a baixa auto-estima que os precede. Que nada entre em nossos corações e em nossos hábitos que venha a ameaçar o casamento de alguma forma, especialmente influências como bebida, drogas, jogo, pornografia, luxúria ou obsessão. Faça com que nos unamos em um laço de amizade, compromisso, generosidade e compreensão. Elimine a nossa imaturidade, hostilidade ou sentimentos de desajuste. Ajude-nos a reservar tempo a sós um para o outro, a cultivar e renovar o casamento e a lembrar a nós mesmos das razões por que nos casamos. Oro para que (nome do marido) seja tão dedicado ao Senhor, que o seu compromisso comigo não vacile apesar das tempestades que possam vir. Oro para que nosso amor mútuo se fortaleça a cada dia, para que jamais deixemos a herança de divórcio para nossos filhos.

Ferramentas de Poder

Melhor é serem dois do que um, porque têm melhor paga do seu trabalho. Porque se caírem, um levanta o companheiro; ai, porém, do que estiver só; pois, caindo, não haverá quem o levante.
Ec 4.9,10

Ninguém seja infiel para com a mulher da sua mocidade. Porque o Senhor Deus de Israel diz que odeia o repúdio; e também aquele que cobre de violência as suas vestes, diz o Senhor dos Exércitos; portanto cuidai de vós mesmos e não sejais infiéis.
Ml 2.15b,16

Digno de honra entre todos seja o matrimônio, bem como o leito sem mácula; porque Deus julgará os impuros e adúlteros.
Hb 13.4

Se dois dormirem juntos, eles se aquentarão; mas um só como se aquentará?
Ec 4.11

Ora, aos casados, ordeno não eu mas, o Senhor,
que a mulher não se separe do marido
(se, porém, ela vier a separar-se, que não se case,
ou que se reconcilie com seu marido); e
que o marido não se aparte de sua mulher.
1 Co 7.10,11

Capítulo Vinte e Dois
Suas Emoções

Décio usava a ira para controlar a família. Cada membro da família se preocupava tanto com o seu gênio que eles viviam sempre alertas, obedecendo às suas ordens por medo e não por amor. Quando sua mulher, Jenifer, aprendeu que ela não só não tinha de tolerar a ira do marido, mas que aceitá-la era desobedecer a Deus, as coisas começaram a mudar. "Não te associes com o iracundo, nem andes com o homem colérico, para que não aprendas as suas veredas, e assim enlaces a tua alma" (Pv 22.24,25).

Jenifer compreendeu que ela ainda podia amá-lo, mas não poderia aprovar o seu pecado, então começou a orar fervorosamente por ele todos os dias, sozinha e com um grupo de parceiras de oração. Ela orou para que ele não se deixasse controlar pelas suas emoções, mas que, em vez disso, começasse a ser controlado pelo Espírito Santo. Suas orações não só a ajudaram a clarear a mente o suficiente para ver como ele vinha agindo, mas prepararam também o caminho para ele encontrar força e coragem, e mudar de comportamento. "O presente que se dá em segredo abate a ira" (Pv 21.14). O melhor presente que a esposa pode dar em segredo para acalmar a ira do marido é orar por ele.

Caio vinha sendo atormentado há anos por uma depressão crônica. Embora sua mulher, Marília, fosse uma pessoa animada, as emoções negativas dele a abateram de forma tal que ela passou a sentir-se tão sem esperanças e deprimida quanto Caio. Lendo então sobre as experiências do rei Davi, Marília reconheceu que elas descreviam exatamente o que seu marido vinha sentindo. "A minha alma está farta de males e a minha vida já se abeira da morte. Sou contado com os que baixam à cova: sou como um homem sem força" (Sl 88.3,4). "Sinto-me encurvado e sobremodo abatido, ando de luto o dia todo... Estou aflito e mui quebrantado; dou gemidos por efeito do desassossego do meu coração" (Sl 38.6,8).

Marília percebeu que apesar de tão profundo desespero, Davi encontrou esperança no Senhor e superou o problema. "Da cova fizeste subir a minha alma; preservaste-me a vida para que não descesse à sepultura" (Sl 30.3). "Eu me alegrarei e regozijarei na tua benignidade, pois tens visto a minha aflição, conheceste as angústias de minha alma" (Sl 31.7). "Aproxima-te da minha alma, e redime-a" (Sl 69.18). Ela sentiu que Deus certamente teria compaixão de Caio e cresceu em seu coração a esperança de que a sua oração seria a chave para libertá-lo das garras da depressão.

Marília contou a Caio que se comprometera a orar por ele todos os dias e pediu que a mantivesse informada de como se sentia. Desde o primeiro dia, ambos notaram que sempre que ela orava, havia uma melhora no ânimo dele. Em pouco tempo ele não pôde mais negar o poder da oração e começou a orar com a mulher. Caio vem melhorando cada vez mais desde então. As suas depressões são menos freqüentes agora e ele consegue superá-las com maior rapidez. Os dois prometeram buscar a Deus para a libertação total de Caio.

A ira e a depressão são apenas duas dentre as várias emoções negativas que podem atormentar a alma humana. Elas geralmente não passam de um modo habitual de pensar que fincou raízes no correr do tempo. Os homens tendem a acreditar que isso faz parte do seu caráter e não pode ser alterado, mas na verdade esses padrões podem ser quebrados. Não seja uma espectadora, observando seu marido ser manipulado pelas suas emoções. A liberdade pode estar a apenas uma oração de distância.

Oração

Senhor, o Senhor disse na sua Palavra que redime nossas almas quando confiamos em Deus (Sl 34.22). Oro para que (<u>nome do marido</u>) tenha fé em que o Senhor remirá a sua alma das emoções negativas. Que ele jamais seja controlado por depressão, ira, ansiedade, ciúmes, desesperança, medo ou pensamentos suicidas. Oro especificamente por (<u>ponto de preocupação</u>). Livre-o disto e de todas as outras emoções controladoras (Sl 40.17). Sei que só o Senhor pode livrar e curar; mas use-me como seu instrumento de restauração. Ajude-me a não cair com ele em suas lutas. Capacite-me, em vez disso, a compreender e dizer palavras que tragam vida.

Liberte-o para que possa compartilhar seus sentimentos mais profundos comigo e com outros que possam ajudar. Liberte-o para chorar quando for necessário e para não reprimir as suas emoções. Ao mesmo tempo, dê-lhe o dom do riso e a capacidade de achar graça até mesmo nas situações sérias. Ensine-o a tirar os olhos das circunstâncias e a confiar no Senhor, sem levar em conta os seus sentimentos. Dê-lhe paciência para possuir a sua alma e capacidade para cuidar dela (Lc 21.19). Unja-o com o "óleo de alegria" (Is 61.3), refresque-o com o seu Espírito e livre-o das emoções negativas neste dia.

Ferramentas de Poder
O que confia no seu próprio coração é insensato, mas o que anda em sabedoria, será salvo.
Pv 28.26

Eis que os olhos do Senhor estão sobre os que o temem,
sobre os que esperam na sua misericórdia,
para livrar-lhes a alma da morte.
Sl 33.18,19

Esperei confiantemente pelo Senhor; ele se inclinou
para mim e me ouviu quando clamei por socorro.
Tirou-me de um poço de perdição, dum tremedal de
lama; colocou-me os pés sobre uma rocha e me firmou
os passos. E me pôs nos lábios um novo cântico,
um hino de louvor ao nosso Deus; muitos verão essas
coisas, temerão, e confiarão no Senhor.
Sl 40.1-3

Refrigera-me a alma. Guia-me pelas veredas da justiça
por amor do seu nome.
Sl 23.3

O Senhor resgata a alma dos seus servos, e dos que
nele confiam, nenhum será condenado.
Sl 34.22

Capítulo Vinte e Três

Seu Caminhar

O caminhar do homem é a forma como segue sua jornada pela vida – a sua direção, seu foco, os passos que dá. Todos os dias ele escolhe um caminho, mas só um deles o fará avançar. Todos os outros o farão regredir. O caminhar do homem afeta cada aspecto do seu ser – como ele se relaciona com as pessoas, como trata sua família, como as pessoas o consideram e até a sua aparência. Já vi homens pouco atraentes que mudaram por completo quando aprenderam a andar com o Espírito de Deus. À medida que a imagem do Senhor foi-se gravando em sua mente, essas pessoas desenvolveram uma riqueza de alma, uma pureza gloriosa e a confiança íntima de saber que direção tomar. Isto lhes deu muita força e um sentido de propósito que não apenas são qualidades atraentes e encantadoras, mas também magnéticas.

A Bíblia revela muito sobre como devemos caminhar. Devemos andar com *retidão moral* porque "o Senhor... nenhum bem sonega aos que andam retamente" (Sl 84.11). Devemos andar *sem falhas* porque "o que anda em integridade será salvo" (Pv 28.18). Devemos andar com *conselheiros piedosos* porque "bem-aventurado o homem que não anda no conselho dos ímpios" (Sl 1.1). Devemos andar em *obediência* porque "bem-aventurado aquele que teme ao Senhor e anda nos seus caminhos!" (Sl 128.1). Devemos andar com *pessoas sábias* porque "quem anda com os sábios será sábio" (Pv 13.20). Devemos andar com *integridade* porque "quem anda em integridade anda seguro" (Pv 10.9). Acima de tudo, devemos andar pelo caminho da santidade. "E ali haverá bom caminho, caminho que se chamará o Caminho Santo; o imundo não passará por ele, será somente para o seu povo; quem quer que por ele caminhe não errará, nem mesmo o louco" (Is 35.8). A melhor parte sobre andar no Caminho Santo é que mesmo que venhamos a fazer algo insensato, ainda assim não seremos expulsos dele.

O marido de Débora, Bruno, é um homem piedoso que ninguém chamaria de insensato. Todavia, ele investiu impulsivamente uma soma bem grande de dinheiro, o que, em retrospecto, mostrou ter sido algo imprudente. Todo o dinheiro foi perdido e, mais ainda, ele teve despesas adicionais por causa disso. Este assunto poderia ter acabado com as finanças deles e provavelmente até com a saúde e o casamento, mas, como Bruno sempre caminhava em obediência e santidade diante do Senhor, eles foram poupados. O fato de ele haver-se precipitado pelo caminho e não ter esperado pela direção de Deus, colocou-o em dificuldades, mas não acarretou a sua destruição.

Jesus disse que só havia um meio de seguir pelo caminho reto, só uma porta pela qual entrar. "Eu sou o caminho", diz ele (Jo 14.6). O caminho que leva à destruição é largo e muitos decidem segui-lo. Mas "estreita é a porta e apertado o caminho que conduz para a vida, e são poucos os que acertam com ela" (Mt 7.14). Ore para que seu marido a encontre. Ore para que ele seja guiado pelo Espírito Santo de Deus. Ore para que ele se mantenha no caminho, tendo fé na Palavra de Deus, coração obediente e profundo arrependimento em relação a quaisquer atos que não sejam da vontade de Deus para a sua vida. A fé e a obediência irão mantê-lo no Caminho Santo, andando no Espírito, e não na carne.

Deus deseja guiar cada passo de seu marido (Gl 5.25), para que possa andar com o Senhor e crescer à sua imagem. O homem que anda com Deus é realmente o que se quer.

Oração

"Eu sei, ó *Senhor*, que não cabe ao homem determinar o seu caminho, nem ao que caminha o dirigir os seus passos" (Jr 10.23). Portanto, Senhor, peço que dirija os passos de meu marido. Oriente-o com a sua luz, ensine-o do seu modo, a fim de que ele ande na sua verdade. Oro para que ande em maior comunhão com o Senhor e tenha cada vez mais interesse pela sua Palavra. Que a sua presença seja uma iguaria que ele nunca deixe de desejar.

Guie-o no seu caminho e dê-lhe disposição para confessar rapidamente toda vez que se desvie dele. Revele a ele qualquer pecado oculto que possa impedi-lo de andar retamente diante do Senhor. Que ele possa experimentar profundo arrependimento quando não viver em obediência às suas leis. Crie um coração puro e renove nele um espírito inabalável. Não o expulse da sua presença, nem retire dele o seu Espírito Santo (Sl 51.10,11).

Senhor, a sua Palavra diz que os que estão na carne não podem agradá-lo (Rm 8.8). Oro então para que capacite (nome do marido) a andar no Espírito e não na carne e, portanto, se guarde "dos caminhos do violento" (Sl 17.4). À medida que ele andar no Espírito, que possa gerar o fruto do Espírito, que é amor, alegria, paz, longanimidade, benignidade, bondade, fidelidade, mansidão e domínio próprio (Gl 5.22,23). Mantenha-o no Caminho Santo, a fim de que o seu caminhar seja íntegro em todas as áreas da sua vida.

Ferramentas de Poder

Andeis de modo digno da vocação a que fostes
chamados, com toda humildade e mansidão,
com longanimidade, suportando-vos
uns aos outros em amor.
Ef 4.1,2

O que anda em justiça, e fala o que é reto; o que
despreza o ganho de opressão; o que com um gesto de
mãos recusa aceitar suborno; o que tapa os ouvidos
para não ouvir falar de homicídios, e fecha os olhos
para não ver o mal, este habitará nas alturas; as
fortalezas das rochas serão o seu alto refúgio,
o seu pão lhe será dado, as suas águas serão certas.
Is 33.15,16

Tendo, pois, ó amados, tais promessas,
purifiquemo-nos de toda impureza, tanto da carne,
como do espírito, aperfeiçoando a nossa
santidade no temor de Deus.
2 Co 7.1

Quem, Senhor, habitará no teu tabernáculo?
Quem há de morar no teu santo monte?
O que vive com integridade, e pratica a justiça,
e, de coração, fala verdade.
Sl 15.1,2

Os meus olhos procurarão os fiéis da terra,
para que habitem comigo; o que anda em reto
caminho, esse me servirá.
Sl 101.6

Capítulo Vinte e Quatro

Seu Falar

Você já observou um homem que só fala e não age? Há alguns indivíduos que passam mais tempo se gabando do
que vão fazer do que realmente agindo. Em geral, não vão a
parte alguma. "Porque dos muitos trabalhos vêm os sonhos,
e de muito falar, palavras néscias" (Ec 5.3). Os sonhos não se
realizam quando se gasta mais tempo falando sobre eles do
que orando e trabalhando para alcançá-los.

Você já ficou perto de alguém zangado, bruto ou ímpio
no seu falar? Sua linguagem faz os ouvintes se sentirem des-
confortáveis e não querem se aproximar dele. "Longe de vós
toda a amargura, e cólera, e ira, e gritaria, e blasfêmias, e
bem assim toda a malícia" (Ef 4.31). As boas coisas da vida
parecem esquecer-se daqueles que só falam coisas ruins.

Você já conheceu alguém que passasse a vida se queixando? Não importam as circunstâncias, ele sempre acha alguma coisa negativa para criticar. "Fazei tudo sem murmura-
ções nem contendas; para que vos torneis irrepreensíveis e
sinceros, filhos de Deus inculpáveis no meio de uma geração

pervertida e corrupta, na qual resplandeceis como luzeiros no mundo" (Fp 2.14,15). As palavras negativas trazem resultados negativos e as coisas dificilmente dão certo para a pessoa que faz uso contínuo delas.

Você conhece alguém que é rápido para falar, mas não considera com seriedade o que está dizendo? Ele explode em palavras sem pesar o efeito delas. "O coração do justo medita o que há de responder, mas a boca dos perversos transborda maldades" (Pv 15.28). "Tens visto um homem precipitado nas suas palavras? Maior esperança há para o insensato do que para ele" (Pv 29.20). Haverá muita tristeza no futuro de quem não considera as conseqüências do que diz.

Você já viu um homem infundir desânimo e sofrimento em alguém – a esposa, o filho, amigo, colega? "A morte e a vida estão no poder da língua; o que bem a utiliza come do seu fruto" (Pv 18.21). Esse homem trará *destruição* sobre a sua própria vida se não souber utilizar a língua.

Nossas palavras podem justificar-nos ou condenar-nos (Mt 12.37). Elas podem trazer-nos alegria (Pv 15.23), ou corrupção e desonra (Mt 15.11). O que dizemos pode edificar ou prejudicar a alma da pessoa com quem falamos (Pv 15.4). As conseqüências de nossas palavras são tão grandes que elas podem arruinar ou salvar as nossas vidas (Pv 13.3).

Todos têm uma escolha sobre o que dizem e há recompensas para quem faz a escolha certa. "O que guarda a sua boca e a sua língua, guarda a sua alma das angústias" (Pv 21.23). Observe como seu marido fala. O que sai da sua boca revela o que há em seu coração. "A boca fala do que está cheio o coração" (Mt 12.34). Se o ouvir queixar-se, falar negativamente, dizer coisas insensatas, ou pronunciar palavras que tragam destruição e morte à sua vida ou à de qualquer outra pessoa, ele está sofrendo de uma overdose de coração negativo. Ore para que o Espírito Santo convença o seu coração, enchendo-o com o seu amor, paz e alegria e lhe ensine uma nova maneira de falar.

Oração

Senhor, peço que o seu Espírito Santo guarde a boca de meu marido, a fim de que ele só fale coisas edificantes e que tragam vida. Ajude-o a não ser resmungão, lamuriento, a não usar linguagem torpe ou destruir outros com as suas palavras, mas que seja suficientemente disciplinado para manter piedosa a sua conversa. A Bíblia diz que o homem que deseja uma vida longa deve guardar sua língua do mal e seus lábios de falarem dolosamente (Sl 34.12-13). Mostre-lhe como fazer isso. Encha-o do seu amor para que da abundância do seu coração jorrem palavras que edifiquem e não destruam. Opere isso também em meu coração.

Que o seu Espírito de amor reine através daquilo que dizemos, de modo que não entendamos mal ou firamos um ao outro. Ajude-nos a mostrar respeito mútuo, a expressar palavras animadoras, a compartilhar nossos sentimentos abertamente e a chegar a um acordo mútuo sem conflitos. Senhor, a sua Palavra diz que, quando dois concordam, o Senhor está em seu meio. Oro para que o inverso seja também verdade – que o Senhor esteja em nosso meio para podermos entrar em acordo. Que as palavras de nossas bocas e o meditar do nosso coração sejam aceitos diante do Senhor, nossa força e nosso Redentor (Sl 19.14).

Ferramentas de Poder

Não saia da vossa boca nenhuma palavra torpe, e, sim, unicamente a que for boa para edificação, conforme a necessidade, e assim transmita graça aos que ouvem.
Ef 4.29

Digo-vos que de toda palavra frívola que proferirem os homens, dela darão conta no dia de juízo.
Mt 12.36

Quem é o homem que ama a vida e quer longevidade
para ver o bem? Refreia a tua língua do mal e os teus
lábios de falarem dolosamente.
Sl 34.12,13

Nas palavras do sábio há favor,
mas ao tolo os seus lábios o devoram.
Ec 10.12

Mas o que sai da boca vem do coração,
e é isso que contamina o homem.
Mt 15.18

Capítulo Vinte e Cinco

Seu Arrependimento

Susana orou todos os dias durante anos para que seu marido, Jorge, deixasse de usar drogas. Ela sempre o apanhava fazendo a mesma coisa. Todas as vezes ele confessava, afirmava que sentia muito e jurava que não repetiria mais o ato, porém acabava sempre voltando ao vício. Ela nunca desistiu de orar para que o arrependimento sincero acontecesse em seu coração – o tipo que faz o homem mudar de rumo e andar em outra direção. Infelizmente, Jorge teve de aprender algumas lições duras antes de dar atenção a Deus, mas no correr do tempo houve uma mudança transformadora de vida. Ele é hoje um novo homem e, junto com Susana, tem um ministério de ajuda a pessoas com problemas similares aos seus. Susana foi uma mulher de oração que nunca deixou de crer que Deus levaria seu marido ao arrependimento.

Todos cometem erros. Não é essa a questão. Mas existem hoje no mundo muitas pessoas que não querem admitir que erraram. Deus diz: "Se confessarmos os nossos pecados, ele é fiel e justo para nos perdoar os pecados e nos purificar de toda injustiça" (1 Jo 1.9). Mas, primeiro, temos de lamentar o que fizemos.

Se considerarmos como Deus faz as coisas, três são os passos para mudar o nosso comportamento. Primeiro temos a *confissão*, que é *admitir* o que fizemos. Depois vem o *arrependimento*, que é *entristecer-nos* com o que fizemos. Finalmente vem *o pedido de perdão*, que é *ser purificado e libertado* do que fizemos. A incapacidade ou resistência em dar qualquer desses três passos está arraigada no orgulho. O indivíduo que não sabe humilhar-se para admitir diante de Deus e dos homens que estava errado terá problemas permanentemente em sua vida. "Tens visto um homem que é sábio a seus próprios olhos? Maior esperança há no insensato do que nele" (Pv 26.12).

Seu marido tem dificuldade para confessar suas faltas? Ou ele é do tipo de pessoa que sabe dizer "Sinto muito" vinte vezes por dia, mas o comportamento pelo qual se desculpa nunca muda? Em qualquer desses casos, ele precisa de um coração arrependido. Arrepender-se sinceramente significa ter tanto remorso pela sua ação que não irá repeti-la. Só Deus pode fazer-nos ver o nosso pecado como realmente é e sentir-nos como ele próprio se sente. "A bondade de Deus é que te conduz ao arrependimento" (Rm 2.4). O arrependimento é uma obra da graça de Deus e podemos orar para que essa graça atue em nossos maridos.

Muitos homens caíram por causa do orgulho e da incapacidade de confessar e se arrepender. Vemos isso a todo momento. Lemos a respeito nos jornais. O pecado não confessado não desaparece de repente, ele se torna um câncer que cresce e sufoca a vida. Ore para que seu marido se convença do seu pecado, para que o confesse humildemente diante de Deus e depois se afaste do seu erro e não o repita. Deus não quer "que nenhum pereça, senão que todos cheguem ao arrependimento" (2 Pe 3.9). Este tipo de oração pode ser bem perturbador para aquele que é objeto dela, mas é muito mais fácil deixar que a luz de Deus brilhe sobre o nosso pecado do que sofrer as conseqüências dele. Seu marido ficará grato no final, mesmo que não admita.

Oração

Senhor, peço que convença meu marido de qualquer erro em sua vida. Que nada fique "encoberto que não venha a ser revelado; nem oculto que não venha a ser conhecido" (Mt 10.26). Purifique-o de quaisquer pecados secretos e ensine-o a confessar rapidamente quando cometer algum erro (Sl 19.12). Ajude-o a reconhecer os seus erros. Dê-lhe olhos para ver a sua verdade e ouvidos para ouvir a sua voz. Leve-o ao completo arrependimento diante do Senhor. Se ele tiver de passar por sofrimento, que seja o de um coração cheio de remorso e não porque a mão esmagadora do inimigo encontrou uma brecha em sua vida por meio do pecado não confessado. Sei que a humildade deve preceder a honra (Pv 15.33). Remova todo orgulho que possa fazer com que ele negue as suas faltas e opere humildade de coração em sua alma, de modo que possa receber a honra que o Senhor tem para ele.

Instrumentos de Poder

Amados, se o coração não nos acusar,
temos confiança diante de Deus;
e aquilo que pedimos, dele recebemos,
porque guardamos os seus mandamentos,
e fazemos diante dele o que lhe é agradável.
1 Jo 3.21,22

O que encobre as suas transgressões
jamais prosperará; mas o que as confessa e deixa,
alcançará misericórdia.
Pv 28.13

Sonda-me, ó Deus, e conhece o meu coração:
prova-me e conhece os meus pensamentos;
vê se há em mim algum caminho mau,
e guia-me pelo caminho eterno.
Sl 139.23,24

Enquanto calei os meus pecados,
envelheceram os meus ossos pelos meus constantes
gemidos todo o dia. Porque a tua mão pesava
dia e noite sobre mim; e o meu vigor se tornou em
sequidão de estio. Confessei-te o meu pecado e a
minha iniqüidade não mais ocultei. Disse:
Confessarei ao Senhor as minhas transgressões; e tu
perdoaste a iniqüidade do meu pecado.
Sl 32.3-5

Ora, é necessário que o servo do Senhor não
viva a contender, e, sim, deve ser brando para com
todos, apto para instruir, paciente; disciplinando
com mansidão os que se opõem, na expectativa
de que Deus lhes conceda não só o arrependimento
para conhecerem plenamente a verdade,
mas também o retorno à sensatez, livrando-se eles dos
laços do diabo, tendo sido feitos cativos por ele,
para cumprirem a sua vontade.
2 Tm 2.24-26

Capítulo Vinte e Seis
Seu Livramento

Melissa estava preocupada com a atração que seu marido sentia pelo álcool. Marcos não era exatamente um alcoólatra, mas estava mostrando sintomas que lembravam o pai dele, que era alcoólatra. Ela orou para que não houvesse a possibilidade de ser transmitida ao marido qualquer tendência similar. Orou também para que seus filhos não herdassem o vício. Pediu a Deus que os protegesse até dos *sintomas* do alcoolismo. Até hoje o marido não se tornou alcoólatra e seus filhos adolescentes não mostram nem sinais da doença. Ela sente que o poder de Deus em resposta às suas orações desempenhou papel preponderante no sentido de impedir que herdasse essa condição.

Estefânia se casou com José apenas pouco tempo antes de perceber que ele lutava com um espírito de lascívia. Não se tratava de ele não amá-la, mas estava lidando com os pecados do seu passado – uma vida promíscua da qual ele nunca se afastara ou renunciara. Uma vez que ela reconheceu tratar-se de algo que o escravizava, orou pelo seu livramento.

Como ele também desejava isso, não demorou muito tempo para que fosse libertado.

Todos precisamos ser libertados às vezes, porque há muitos tipos de coisas que nos empurram para a escravidão. Deus sabe disso. Por que Jesus teria vindo como Salvador se não precisássemos de um? Por que ele nos teria ensinado a orar: "livra-nos do mal" (Mt 6.13) se não tivéssemos necessidade disso? Por que ele prometeria livrar-nos da tentação (2 Pe 2.9), das garras de pessoas perigosas (Sl 140.1), das tendências autodestrutivas (Pv 24.11), de *todas as* nossas tribulações (Sl 34.17) e da morte (2 Co 1.10) se ele não pretendesse fazer isso? Ele está pronto e disposto. Só temos de pedir. "Invoca-me no dia da angústia: eu te livrarei, e tu me glorificarás" (Sl 50.15).

Não é reconfortante saber que, quando as garras mortais das nossas circunstâncias nos aprisionam, Deus ouve nossos gritos de socorro? Ele vê a nossa necessidade. "O Senhor do alto do seu santuário, desde os céus, baixou vistas à terra, para ouvir o gemido dos cativos, e libertar os condenados à morte (Sl 102.19,20). Como é gloriosa a certeza de que, quando parece não haver meios de escapar, Deus pode levantar-nos e afastar-nos do que está prestes a devorar-nos (Sl 25.15). Quem não precisa disso?

Mesmo que seu marido ache difícil admitir que precisa de ajuda – alguns homens sentem-se fracassados se não puderem fazer tudo sozinhos –, as suas orações podem ser essenciais para a libertação dele. Você pode orar ao Libertador para que o liberte do que quer que o esteja prendendo. Mediante as suas orações, você pode ficar firme contra o inimigo que busca escravizá-lo. "Para a liberdade foi que Cristo nos libertou. Permanecei, pois, firmes e não vos submetais de novo a jugo de escravidão" (Gl 5.1). O melhor meio que conheço para ficar firme é colocar toda a armadura de Deus. É desse modo que oro por mim mesma e por meu marido, e achei muito eficiente. Em vez de explicar, quero mostrar-lhe como fazer esta oração.

Oração

Senhor, temos instruções para orar ao Senhor nas dificuldades e o Senhor nos livrará (Sl 50.15). Estou orando agora e peço que o Senhor opere livramento na vida de meu marido. Livre-o de qualquer coisa que o esteja aprisionando. Liberte-o de (cite uma coisa específica). Livre-o rapidamente e seja uma rocha de refúgio e fortaleza de defesa para salvá-lo (Sl 31.2). Livre-o das mãos do inimigo (Sl 31.15).

Leve-o a um ponto onde possa reconhecer a obra do diabo e clamar ao Senhor por ajuda. Se a libertação que ele pede não for imediata, não permita que desanime, ajude-o a confiar em que o Senhor começou uma boa obra nele e irá completá-la (Fp 1.6). Dê-lhe a certeza de que mesmo em seu estado mais desesperador, quando achar impossível fazer qualquer mudança, o Senhor pode mudar tudo.

Ajude-o a compreender que "a nossa luta não é contra o sangue e a carne, e, sim, contra os principados e potestades, contra os dominadores deste mundo tenebroso, contra as forças espirituais do mal, nas regiões celestes" (Ef 6.12). Oro para que ele seja forte no Senhor e coloque toda a armadura de Deus, a fim de poder resistir às ciladas do diabo no dia mau. Ajude-o a usar o cinto da verdade e colocar a couraça da justiça, calçando os pés com a preparação do Evangelho da paz. Capacite-o a tomar o escudo da fé, com o qual poderá apagar os dardos inflamados do maligno. Oro para que ele tome o capacete da salvação e a espada do Espírito, que é a Palavra de Deus, orando todo o tempo no Espírito, com perseverança e súplica, vigiando e mantendo-se forte até o fim (Ef 6.13-18).

Instrumentos de Poder

O Senhor é a minha rocha, a minha cidadela,
o meu libertador; o meu Deus, o meu rochedo em que
me refugio; o meu escudo, a força da minha salvação,
o meu baluarte. Invoco o Senhor, digno de ser louvado,
e serei salvo dos meus inimigos.
Sl 18.2,3

Porque a mim se apegou com amor, eu o livrarei;
pô-lo-ei a salvo, porque conhece o meu nome.
Sl 91.14

Do alto me estendeu ele a mão e me tomou;
tirou-me das muitas águas. Livrou-me de forte
inimigo e dos que me aborreciam, pois eram
mais poderosos do que eu. Assaltaram-me no dia da
minha calamidade, mas o Senhor me serviu de amparo.
Trouxe-me para um lugar espaçoso;
livrou-me, porque ele se agradou de mim.
Sl 18.16-19

Pois da morte me livraste a alma, sim,
livraste da queda os meus pés, para que eu ande na
presença de Deus na luz da vida.
Sl 56.13

O Espírito do Senhor está sobre mim,
pelo que me ungiu para evangelizar aos pobres;
enviou-me para proclamar libertação aos
cativos e restauração da vista aos cegos,
para pôr em liberdade os oprimidos.
Lc 4.18

Capítulo Vinte e Sete
Sua Obediência

A preocupação de Lisa era que seu marido, Jônatas, não estivesse crescendo espiritualmente tanto quanto ela. A sua comunhão com o Senhor se aprofundava a cada dia enquanto a dele parecia estar diminuindo com a mesma rapidez. Ela ficava frustrada com a falta de compromisso espiritual dele, porque queria que crescessem juntos e compartilhassem suas experiências nesta área vital de suas vidas. Lisa não queria ser o peso-pesado espiritual na família. Sempre que falava a respeito, Jônatas protestava, dizendo que sua profissão o mantinha ocupado demais para passar tempo com o Senhor e ler a sua Palavra. As suas viagens de negócios também o obrigavam a sair da cidade nos fins de semana e ele então deixava de prestar o culto ao Senhor com Lisa e os filhos.

O que mais a perturbava era que nada disso parecia aborrecê-lo – isto é, até que seu trabalho se tornou mais desafiador do que ele podia desincumbir-se confortavelmente. À medida que ficava mais estressado, Lisa pôde ver como o trabalho o estava esgotando. Ela sabia que se ele pudesse conciliar as coisas, passando tempo com o Senhor a cada dia e recebendo força espiritual, sua vida iria melhorar. Tinha também a certeza de que ele ainda não estava pronto para ouvir a verdade.

Embora Lisa soubesse que Deus estava chamando Jônatas para este passo de obediência, ela decidiu não dizer nada. Em vez disso, orou todos os dias para que ele desejasse mais da presença de Deus em sua vida. Embora orasse durante meses sem sinal de mudança, certa manhã ele anunciou baixinho: — Vou mais cedo ao escritório hoje porque preciso de tempo a sós com o Senhor antes de fazer qualquer outra coisa. — Lisa agradeceu silenciosamente a Deus.

Desde então, salvo algumas exceções, ele passou a sair cedo de casa todos os dias, para ler a Bíblia e orar em seu escritório. Isso foi há dois anos e agora esta disciplina espiritual estendeu-se também à física. Ele está se exercitando, comendo bem, perdendo o excesso de peso e ganhando novas energias. Só Deus pode fazer isso.

Se você observar que seu marido está andando claramente por um caminho errado, deve dizer alguma coisa? Em caso afirmativo, o que deve dizer e qual a hora certa para fazê-lo? O melhor meio que encontrei para isso é levar o assunto *primeiro* a Deus e pesá-lo na balança do Senhor. É possível ele mande que fique calada e ore, como fez com Lisa. Mas, se orientá-la para falar a seu marido sobre o assunto, haverá muito mais possibilidade de ele ouvir a voz de Deus nas suas palavras se você tiver orado *antes* de falar. Qualquer coisa entendida como implicância será contraproducente e é melhor que não seja dita. Orar para que os olhos dele se abram à verdade e seu coração seja convencido será muito mais eficaz do que você dizer-lhe o que deve fazer. Você pode *encorajá-lo* para fazer o que é certo e *orar* por ele para que faça o que é certo, mas no final será a voz de Deus que causará o maior impacto.

Homem algum pode receber tudo que Deus tem para ele se não estiver vivendo em obediência. Jesus, que nunca fez rodeios, disse: "Se queres, porém, entrar na vida, guarda os mandamentos" (Mt 19.17). Ele sabia que nada daria a um homem mais paz e confiança do que saber que ele está fazendo o que Deus quer que faça. A Palavra de Deus promete que, se seu marido for obediente aos caminhos do Senhor, encontrará misericórdia (Sl 25.10), paz (Sl 37.37), felicidade (Pv 29.18), fartura (Pv 21.5), bênçãos (Lc 11.28) e vida (Pv 21.21). A desobediência resulta em graves conseqüências (Pv 15.10), em orações não respondidas (Pv 28.9) e na impossibilidade de herdar as grandes coisas que Deus guarda para ele (1 Co 6.9).

Andar em obediência não significa apenas seguir os mandamentos, mas também atender às instruções específicas de Deus. Por exemplo, se Deus instruiu seu marido para descansar e ele não o fizer, isso é desobediência. Se ele mandou que parasse de fazer um certo tipo de trabalho e ele continua fazendo, isso é desobediência. Se ele lhe disse para mudar e ele não mudou, isso também é desobediência.

O homem que faz o que Deus pede constrói a sua casa na rocha. Quando a chuva, a inundação e o vento chegam e caem sobre a casa, ela não será derrubada (Mt 7.24-27). Você não quer ver a queda da sua casa por causa da desobediência de seu marido em qualquer área. Embora não lhe caiba fazer o papel de mãe ou de policial para ele, é sua obrigação orar e falar *depois* de receber ordens de Deus.

Se a desobediência de seu marido aos caminhos de Deus já derrubou de alguma forma a sua casa, saiba que Deus irá honrar a *sua* obediência e fará com que você não seja destruída. Ele derramará suas bênçãos sobre você e restaurará o que foi perdido. Continue orando para que seu marido não tenha problemas em ouvir a voz de Deus e que tenha a força, coragem e motivação para agir de acordo com o que ouviu.

Oração

Senhor, a sua Palavra diz que, se contemplarmos a iniqüidade em nosso coração, o Senhor não ouvirá (Sl 66.18). Quero que ouça as minhas orações e peço então que me revele onde há qualquer desobediência em minha vida, especialmente com relação a meu marido. Mostre-me se sou egoísta, pouco amorosa, crítica, irritada, ressentida, incapaz de perdoar ou amarga para com ele. Mostre-me onde não obedeci ao Senhor ou não vivi no seu caminho. Confesso isso como pecado e peço o seu perdão.

Oro para que dê a (nome do marido) o desejo de viver em obediência às suas leis e aos seus caminhos. Revele e arranque qualquer coisa nele que não venha do Senhor. Ajude-o a submeter cada pensamento e ação ao seu controle. Lembre a ele de fazer o bem, não falar mal de pessoa alguma e ser pacífico, amável e humilde (Tt 3.1,2). Ensine-o a aceitar o sofrimento da disciplina e do discipulado. Recompense-o segundo a sua retidão e segundo a pureza das suas mãos (Sl 18.20). Mostre-lhe os seus caminhos, ó Senhor; ensine a ele as suas veredas. Guie-o na sua verdade, pois o Senhor é o Deus da sua salvação (Sl 25.4,5).

Faça dele uma pessoa de oração, pois sei que quando adoramos ao Senhor ganhamos mais discernimento, nossas vidas são transformadas e recebemos poder para viver conforme o Senhor quer. Ajude-o a ouvir suas instruções específicas para ele e capacite-o a obedecê-las. Dê-lhe um coração que anseie por cumprir a sua vontade e que ele possa gozar a paz que só vem da vida de total obediência aos seus mandamentos.

Instrumentos de Poder

Filho meu, não te esqueças dos meus ensinos,
e o teu coração guarde os meus mandamentos;
porque eles aumentarão os teus dias e te
acrescentarão anos de vida e paz. Não te desamparem
a benignidade e a fidelidade; ata-as ao teu pescoço;
escreve-as na tábua do teu coração.
Pv 3.1-3

Nem todo o que me diz: Senhor, Senhor!
entrará no reino dos céus, mas aquele que faz a
vontade de meu Pai que está nos céus.
Mt 7.21

O que desvia os seus ouvidos de ouvir a lei,
até a sua oração será abominável.
Pv 28.9

Dai ouvidos à minha voz, e eu serei o vosso Deus,
e vós sereis o meu povo; andai em todo o caminho
que eu vos ordeno, para que vos vá bem.
Jr 7.23

Capítulo Vinte e Oito
Sua Auto-Imagem

Por que alguns homens muito capazes e talentosos não encontram abertas portas de oportunidade e aceitação para eles, enquanto outros com habilidade igual ou menor têm aparentemente oportunidades e sucesso ilimitados em cada área de suas vidas? Não parece justo. A hora certa tem naturalmente algo a ver com isso. Deus tem uma hora para cada coisa e ele opera em nós o que precisa ser feito, a fim de preparar-nos para o que nos aguarda. Sentir o tempo de Deus traz paz para esperar, no Senhor.

Pode haver, porém, uma outra razão importante para o conflito; ou seja, a percepção que o homem tem de si mesmo. Se ele tiver uma auto-imagem baixa, duvidará do seu valor e essas dúvidas irão insinuar-se em tudo o que fizer – até nos seus relacionamentos. As pessoas que se perturbarem com a insegurança dele poderão evitá-lo e isto, por sua vez, afetará o relacionamento dele com a família, os amigos, colegas de trabalho e até estranhos. Se ele achar que pode ser rejeitado, isso ocorrerá.

Diogo sentiu grande frustração ao procurar descobrir seu caminho na vida. Ele não sabia quem era, nem onde se encaixava, ou se de fato se ajustava em algum lugar. A sua preocupação em resolver essas coisas causou grande atrito entre ele e a mulher, Cláudia. Ela tentou ajudá-lo, mas ele achava que as idéias e sugestões dela eram críticas à sua capacidade de resolver sozinho os seus problemas. A reação dele era ignorar o que Cláudia dizia, levando-a a esforçar-se ainda mais para se afirmar. Quanto mais Cláudia lutava para não se sentir desvalorizada, tanto mais Diogo revidava, até que na frustração da sua própria insegurança ele rejeitou completamente a ajuda da esposa.

Este tipo de conflito sempre crescente poderia ter levado ao divórcio, mas Cláudia aprendera a orar em vez de brigar. Ela pediu ao Senhor para ajudá-la a compreender o que estava acontecendo com o marido. Queria saber por que ele a estava rejeitando quando ela só queria o bem dele. Deus revelou que a baixa auto-estima de Diogo fora herdada do pai. Ele também experimentara essa mesma insegurança durante toda a sua vida. Qualquer que fosse a fonte do comportamento de Diogo, Cláudia sabia que Deus tinha poder para mudá-lo.

Ela decidiu orar quanto tempo fosse necessário para que Deus quebrasse os grilhões do ódio pessoal e moldasse seu marido à sua imagem. Pediu a Deus que ajudasse Diogo a encontrar a sua identidade no Senhor. Orou também para que Deus a capacitasse a falar ao marido no Espírito e não na carne, a fim de que as suas palavras fossem recebidas como um encorajamento em lugar de uma crítica.

Passaram-se alguns meses antes que ela pudesse perceber quaisquer mudanças, mas finalmente aconteceram modificações importantes. Primeiro, Diogo aprendeu a confiar em sua mulher e percebeu que ela estava de seu lado, e não contra ele. Eles concordaram em deixar de brigar e se comprometeram a trabalhar juntos. Ele começou a ir mais à igreja e ela pôde ver que o marido estava orando e lendo a Bíblia com fé renovada. Diogo passou gradualmente a considerar-se como um dos filhos muito amados de Deus, e não como um erro evolutivo. Quanto mais ele sentia o seu próprio valor e crescia na aceitação de quem era, tanto mais todos o apreciavam. Não por simples coincidência, as portas da oportunidade começaram a se abrir para Diogo e em breve ele encontrou o tipo de aceitação e sucesso com que sempre sonhara.

Se a auto-imagem de seu marido precisa de um ajuste, seja paciente. As respostas não chegam de uma hora para outra quando um padrão de pensamentos, há muito mantido, tem de ser mudado. Mas você pode apropriar-se do poder de Deus para lutar contra o inimigo que o alimenta com mentiras, a fim de que fique livre para ouvir a verdade de Deus. Vai descobrir que à medida que intercede, Deus lhe dará vislumbres da chave para resolver esse problema especial de seu marido. Em outras palavras, à medida que você ora, Deus irá mostrar-lhe como orar.

Creio firmemente que a tendência para a crise da meia-idade também pode ser freada orando desse mesmo modo. Qualquer toxicidade na alma do homem, depois dos cinqüenta, irá eventualmente emanar dela como um veneno. É como se a represa invisível que a retém enfraquecesse com a idade. Quando essa represa se rompe, a inundação pode ser forte o bastante para arrastá-lo. Se tiver a sua identidade solidamente firmada no Senhor, isso fará grande diferença na maneira como ele conseguirá superar essa crise.

Deus diz que nossos primeiros passos devem ser dados em direção a ele: procurar a sua face, seguir as suas leis, colocá-lo em primeiro lugar, e as buscas egocêntricas por último. Quando estamos sintonizados com o Senhor, o caminho e tudo o que temos de fazer é segui-lo. Quando o contemplamos, a glória da sua imagem ficará gravada em nós. Quando a nossa auto-imagem é de tal forma envolvida pela de Deus que chegamos a nos perder no processo, ficamos então livres. Queremos essa liberdade tanto para nossos maridos como para nós mesmas. Seu marido nunca verá quem ele realmente é até que veja quem Deus é na realidade. Ore para que ele encontre a sua verdadeira identidade.

Oração

Senhor, oro para que (nome do marido) encontre a sua identidade no Senhor. Ajude-o a compreender o seu valor através dos olhos e dos padrões do Senhor. Que reconheça as qualidades únicas que Deus colocou nele e possa apreciá-las. Capacite-o a ver a si mesmo da maneira como o Senhor o vê, compreendendo que "Fizeste-o, no entanto, por um pouco, menor do que Deus, e de glória e de honra o coroaste. Deste-lhe domínio sobre as obras da tua mão, e sob seus pés tudo lhe puseste" (Sl 8.5-6). Silencie as vozes que lhe dizem outra coisa e dê-lhe ouvidos para ouvir a sua voz, dizendo-lhe que não será a perfeição dele que irá dar-lhe sucesso na vida, mas a sua.

Revele que ele é a "imagem e glória de Deus" (1 Co 11.7) e que é aperfeiçoado nele. "Ele é o cabeça de todo principado e potestade" (Cl 2.10). Dê-lhe a paz e a segurança de saber que é aceito, e não rejeitado pelo Senhor. Livre-o do egocentrismo que pode aprisionar a sua alma. Ajude-o a ver quem *o Senhor* realmente é, a fim de que saiba quem *ele* realmente é. Que a sua verdadeira auto-imagem seja a imagem de Cristo estampada em sua alma.

Instrumentos de Poder

Porquanto aos que de antemão conheceu,
também os predestinou para serem conformes à
imagem de seu Filho, a fim de que
ele seja o primogênito entre muitos irmãos.

Rm 8.29

E todos nós com o rosto desvendado,
contemplando, como por espelho, a glória do Senhor,
somos transformados de glória em glória,
na sua própria imagem, como pelo Senhor, o Espírito.
2 Co 3.18

Vos despistes do velho homem com os seus feitos,
e vos revestistes do novo homem que se
refaz para o pleno conhecimento,
segundo a imagem daquele que o criou.
Cl 3.9,10

Porque, se alguém é ouvinte da palavra e não
praticante, assemelha-se ao homem que
contempla num espelho o seu rosto natural;
pois a si mesmo se contempla e se retira,
e para logo se esquece de como era a sua aparência.
Mas aquele que considera atentamente na lei perfeita,
lei da liberdade, e nela persevera,
não sendo ouvinte negligente, mas operoso praticante,
esse será bem-aventurado no que realizar.
Tg 1.23-25

Dispõe-te, resplandece, porque vem a tua luz,
e a glória do Senhor nasce sobre ti.
Is 60.1

Capítulo Vinte e Nove

Sua Fé

S empre sorrio quando alguém me diz que não tem fé, porque sei que isso provavelmente não é verdade. Até certo ponto todos vivemos pela fé. Quando você vai ao médico, precisa de fé para confiar no seu diagnóstico. Quando vai à farmácia comprar medicamentos, você tem fé de que irá receber os remédios apropriados. Quando come num restaurante, confia em que os que o servem não contaminaram nem envenenaram a sua comida. (Alguns restaurantes exigem mais fé do que outros.) Cada dia é um andar de fé em algum nível. Todos crêem em algo: "Segundo a medida da fé que Deus repartiu a cada um" (Rm 12.3).

Escolhemos aquilo em que vamos crer. Alguns decidem crer em si mesmos, outros no governo, no mal, na ciência, nos jornais, no trabalho pesado, em outras pessoas e alguns em Deus. A única pessoa que conheço que não acreditava em nada acabou num hospício porque ficou louca. A fé é algo sem o qual não podemos viver.

Mas a fé é algo sem o qual também não podemos *morrer*. A nossa fé determina o que nos acontecerá quando deixarmos este mundo. Se você tem fé em Jesus, sabe que seu futuro eterno está assegurado. Isso porque o "Espírito daquele que ressuscitou Jesus dentre os mortos... vivificará também os vossos corpos mortais, por meio do seu Espírito, que em vós habita" (Rm 8.11). Em outras palavras, se o mesmo Espírito que levantou Jesus dentre os mortos habita em você, ele o levantará também. Ter a certeza do que nos acontecerá quando morrermos, afetará grandemente a nossa vida hoje. A confiança em nosso futuro eterno nos dá uma perspectiva sobre a vida no presente, que envolve também a confiança num sentido mais amplo.

Este é um pensamento assustador! Ao curar alguns cegos, Jesus disse: "Faça-se-vos conforme a vossa fé" (Mt 9.29). Isso faz você querer reavaliar o seu nível de confiança em Deus? As boas notícias são que isto significa que temos um certo controle sobre as nossas vidas e podemos, até determinado ponto, decidir como as coisas vão ser para nós. Nossas vidas não precisam ficar à mercê do acaso, nem voar com o vento que estiver soprando no momento. Nossa fé irá determinar o nosso fim.

Todos temos momentos de dúvida. Até mesmo Jesus ficou imaginando se Deus o havia abandonado. Não se trata de ele ter duvidado da existência de Deus ou da capacidade do Pai para salvá-lo, ele apenas não esperava sentir-se abandonado. Algumas vezes não duvidamos da existência de Deus ou se ele é capaz de ajudar-nos, duvidamos apenas do seu desejo de causar qualquer mudança imediata em nossas vidas. *Ele está certamente muito ocupado para resolver os meus problemas*, pensamos. Mas a verdade é que ele não está.

Seu marido tem períodos de dúvida? Se os tem, suas orações para que ele tenha cada vez mais fé farão uma grande diferença na sua vida. Mesmo que ele não conheça o Senhor, você pode orar para que a fé cresça em seu coração e pedir que a paz toma conta dele. Não há nada na vida de seu marido que não possa ser conquistado ou afetado positivamente com uma dose maior de fé em Deus. Jesus disse que qualquer homem que tenha fé para crer nele: "Do seu interior fluirão rios de água viva" (Jo 7.38). Só isso já basta para eliminar uma vida inteira de dor, tribulação, medo, tristeza, apatia, desesperança, fracasso e dúvida. Vamos orar?

Oração

Senhor, oro para que dê a (nome do marido) uma nova dose de fé hoje. Aumente a sua capacidade para crer no Senhor, na sua Palavra, nas suas promessas, seus caminhos e seu poder. Coloque em seu coração o desejo de falar com o Senhor e ouvir a sua voz. Faça com que ele entenda o que significa estar na sua presença, pois não se trata apenas de pedir coisas. Que meu marido possa buscá-lo, confiar totalmente e ser guiado pelo Senhor, colocando-lo em primeiro lugar e reconhecendo-o em tudo que ele fizer.

Ó Deus, o Senhor disse que "a fé vem pela pregação e a pregação pela palavra de Cristo" (Rm 10.17). Alimente a alma de meu marido com a sua Palavra, de modo que a fé dele cresça o suficiente para crer que com o Senhor todas as coisas são possíveis (Mt 19.26). Dê-lhe a plena certeza de que o Senhor fará o que prometeu (Rm 4.21). Torne a sua fé um escudo de proteção. Coloque-a em ação para mover as montanhas da sua vida. A sua Palavra diz: "o justo viverá por fé" (Rm 1.17); oro para que ele tenha uma vida cheia da fé que o Senhor nos chamou a todos para experimentar. Que ele possa saber com plena certeza "como é grande a tua bondade, que reservaste aos que te temem, da qual usas, perante os filhos dos homens, para com os que em ti se refugiam" (Sl 31.19).

Instrumentos de Poder

Peça-a, porém, com fé, em nada duvidando,
pois o que duvida é semelhante à onda do mar,

impelida e agitada pelo vento. Não suponha
esse homem que alcançará do Senhor alguma
coisa; homem de ânimo dobre, inconstante
em todos os seus caminhos.
Tg 1.6-8

Tudo o que não provém de fé é pecado.
Rm 14.23

Se tiverdes fé como um grão de mostarda,
direis a este monte: Passa daqui para acolá,
e ele passará. Nada vos será impossível.
Mt 17.20

Logo, já não sou eu quem vive, mas Cristo
vive em mim; e esse viver que agora tenho na carne,
vivo pela fé no Filho de Deus, que me amou e a si
mesmo se entregou por mim.
Gl 2.20

Justificados, pois, mediante a fé, temos paz com Deus,
por meio de nosso Senhor Jesus Cristo.
Rm 5.1

Capítulo Trinta
Seu Futuro

N enhum de nós pode viver sem uma visão do nosso futuro. Se não a tivermos, ficaremos sem rumo. Sem ela, a vida parece não ter objetivo e morremos um pouco a cada dia. "Faltando visão, o povo perece" (Pv 29.18 – tradução livre).

Ter uma visão não significa necessariamente conhecer em minúcias o que vai acontecer em seguida, mas sentir em que direção se está seguindo e esperar que algo bom esteja no horizonte. É saber que você tem um futuro e um propósito, e que eles são brilhantes.

Nem todo indivíduo possui essa certeza e, quando isso não ocorre, você quase pode ver a vida se escoando dele. Até os que têm certeza, nem sempre a possuem todo tempo. Mesmo o homem mais espiritual pode ficar cansado demais, esgotado, abatido, distanciado de Deus, confuso sobre quem é e por que está aqui, e perder sua visão para o futuro. Ele pode perder o seu sentido de propósito e sentir-se vencido e desesperançado por causa disso. Se perder de vista os seus sonhos e esquecer-se da verdade a respeito de si mesmo e da sua situação, ele pode terminar acreditando em mentiras destrutivas sobre o seu futuro. "O meu povo está sendo destruído, porque lhe falta o conhecimento" (Os 4.6). Deus diz para não darmos ouvidos às vozes que falam mentiras, pois "falam as visões do seu coração, não o que vem da boca do Senhor" (Jr 23.16). Qualquer visão do futuro cheia de fracassos e vazia de esperança não vem de Deus (Jr 29.11). Mas Deus pode restaurar a visão onde ela não existe mais. Ele pode dar a esperança de sonhar outra vez. Ele pode fazer com que a sua verdade supere as mentiras do desânimo. Ele pode dar a segurança de um futuro promissor. A oração é o caminho pelo qual Deus realiza isso.

Meu marido disse que uma das vezes em que as minhas orações significaram muito para ele foi quando mudamos de Los Angeles para Nashville. Todos tivemos dificuldade em deixar as pessoas a quem amávamos e começar tudo de novo. Havia muita coisa em risco e a transição foi difícil, sem mencionar que foi um grande salto de fé. Não sabíamos o que iria acontecer, mas nos mudamos na certeza de estar seguindo a orientação divina. Confiamos que nossas vidas estariam seguras nas mãos de Deus. Minha oração por Michael durante esse período foi para que ele não perdesse a visão que Deus lhe dera para o futuro. Quando as circunstâncias o levaram a perder temporariamente sua visão espiritual, ele disse que as minhas orações foram essenciais para restaurá-la.

Temos de lembrar que Deus Pai fez o seu testamento. Sua propriedade está dividida igualmente entre seus filhos. Tudo o que ele tem, *nós* teremos. Somos "herdeiros de Deus e coherdeiros com Cristo" (Rm 8.17). Li a minha cópia do testamento e ela diz que não temos qualquer idéia de tudo o que Deus tem para nós, porque ele tem mais para nós do que poderíamos imaginar. "Nem olhos viram, nem ouvidos ouviram, nem jamais penetrou em coração humano o que Deus tem preparado para aqueles que o amam" (1 Co 2.9). Ela promete que "os íntegros herdarão o bem" (Pv 28.10). Diz também que não só teremos tudo o que precisamos *nesta* vida, como também a melhor parte dela virá depois da nossa morte. Estaremos então com o Senhor e não desejaremos mais nada. Se os olhos de seu marido se concentrarem nos detalhes do dia a dia, de modo que perca a sua visão para o futuro, as suas orações podem elevar os olhos dele. Elas podem ajudá-lo a ver que Deus é o seu futuro e que ele deve viver de modo a investir nisso. "Não sabeis vós que os que correm no estádio, todos na verdade correm, mas um só leva o prêmio? Correi de tal maneira que o alcanceis" (1 Co 9.24). Você não quer que seu marido seja um homem que siga a visão de seu próprio coração e perca o prêmio, mas quer que ele possa ver as coisas pela perspectiva de Deus.

Deus não deseja que conheçamos o futuro, mas, sim, que o conheçamos. Quer que confiemos nele para guiar-nos na direção do futuro, um passo de cada vez. Para compreender a orientação de Deus, devemos buscá-lo a cada passo. "Os que buscam o Senhor entendem tudo" (Pv 28.5). Devemos também ficar bem perto para ouvir a sua resposta. O Senhor é quem dá a visão; ore para que seu marido busque nele a sua visão. Com Deus, seu futuro estará em segurança.

Oração

Senhor, oro para que dê a (<u>nome do marido</u>) uma visão do seu futuro. Ajude-o a compreender que os seus planos para ele são para o bem e não para o mal – para dar-lhe um futuro e uma esperança (Jr 29.11). Encha-o com o conhecimento da sua vontade, em toda sabedoria e entendimento espiritual, a fim de que ele possa andar de modo digno do Senhor, agradando-o plenamente, frutificando em toda boa obra e crescendo no conhecimento de Deus (Cl 1.9,10). Que ele possa viver guiado pelo Espírito Santo, sem qualquer dúvida ou medo do que possa acontecer. Ajude-o a amadurecer e crescer no Senhor diariamente, submetendo todos os seus sonhos e desejos ao Senhor, sabendo que "os impossíveis dos homens são possíveis para Deus" (Lc 18.27). Dê-lhe alvos ordenados por Deus e mostre-lhe como se comportar de modo a investir sempre no seu futuro. Oro para que ele seja ativo no serviço do Senhor todos os dias da sua vida. Que ele não perca o seu sentido de propósito e seja cheio de esperança para o seu futuro como uma "âncora da alma, segura e firme" (Hb 6.19). Satisfaça os "desejos do coração" dele (Sl 21.2) e dê-lhe "a herança dos que temem o teu nome" (Sl 61.5). Plante-o firmemente na casa do Senhor e o mantenha sempre viçoso, produzindo flores e frutos até a velhice (Sl 92.13,14). Quando chegar a hora de deixar esta terra e ir para estar com o Senhor, que possa ter uma visão tão forte do seu futuro eterno que isso torne a sua transição suave, indolor e acompanhada de paz e alegria. Até esse dia, oro para que ele encontre a visão para o seu futuro no Senhor.

Instrumentos de Poder

Eu é que sei que pensamentos tenho a vosso respeito,
diz o Senhor; pensamentos de paz, e não de mal,
para vos dar o fim que desejais.
Jr 29.11

Observa o homem íntegro, e atenta no que é reto;
porquanto o homem de paz terá posteridade.
Quanto aos transgressores serão à uma destruídos;
a descendência dos ímpios será exterminada.
Sl 37.37,38

Plantados na casa do Senhor florescerão nos átrios do
nosso Deus. Na velhice darão ainda frutos, serão cheios
de seiva e de verdor, para anunciar que o Senhor é reto.
Ele é a minha rocha, e nele não há injustiça.
Sl 92.13-15

Uma coisa peço ao Senhor e a buscarei:
que eu possa morar na casa do Senhor
todos os dias da minha vida, para contemplar
a beleza do Senhor, e meditar no seu templo.
Sl 27.4

Há esperança para o teu futuro.
Jr 31.17

Impressão e Acabamento
Oesp Gráfica S.A. (Com Filmes Fornecidos Pelo Editor)
Depto. Comercial: Alameda Araguaia, 1.901 - Tamboré - Barueri - SP
Tel. 4195 - 1805   Fax: 4195 - 1384